JN057819

あなたを閉じこめる「ずるい言葉」

10代から知っておきたい

森山至貴

WAVE出版

はじめに

うまく丸めこまれて私が悪いということになってしまったけれど、やっぱり本当にまちがっているのは私ではない気がする。私のことを思って言ってくれたのだとは思うけれど、ありがたいというよりはむしろ傷つく。なにげない日常の会話の中で、こんな経験にイラッとしたり、モヤモヤしたりすることがありますよね。イラッとしたりモヤモヤしたりするけれどもうまく言い返せないことが、さらなる「イラッ」と「モヤモヤ」を生んだりもします。

そしてときには、言い返せないような言葉を相手があえて選んでいるような気さえします。そんな「ずるい言葉」をなんで私が言われなければならないのか……また「イラッ」として、「モヤモヤ」してしまいます。この経験、なんとかならないのでしょうか。

なんとかしたい、と思ってここにお届けするのが、『あなたを閉じこめる「ずるい言葉」』です。思いこみや責任逃れ、偏見に満ちた言葉を見抜き、イラッとしたりモヤモヤしたりする私はまちがっていないと思いたい。そして可能ならば、やんわりと、あるいははっきりと言い返してやりたい。

そんなふうに思う人に、なんらかの手がかりやヒントをお伝えできればと思って、私なりに考えた29の「処方箋」がこの本です。中学生くらいから読めるように書いたつもりなので、ぜひ多くの人に読んでもらえればと思っています。

どんなものが「ずるい言葉」にあたるのかは、目次を見てもらえればわかると思います。この本は中学生や高校生にまず読んでほしいと思って書かれましたが、あまりなじみのない言葉も少なくないかもしれません。なぜなら、私の取り上げたものは、大人がよく使う「ずるい言葉」ばかりだからです。とはいえ、これはむしろ重要なポイントかもしれません。大人に守られないと生きていけない、そういう意味で大人より弱い立場にある子どもこそ、大人の「ずるい言葉」を見抜き、それらにだまされないようにするためのスキルを必要としているからです。「ずるい大人」に言いくるめられないための手がかりとして、ぜひこの本を読んでもらえればと思います。

各シーンの冒頭には「ずるい言葉」が実際に使われている会話例を私が創作して載せていますが、そこで話題になるトピックは、中学生や高校生にとってなじみ深いものにしてありますので、本文を読むために必要な難しい知識は特にありません。また、本文の内容にかかわるいくつかの語句については、「もっと知りたい関連用語」として少しくわしく説明していますので、せっかく読書するなら背のびをしてみたいと思う中学生、高校生のみなさんは、ぜひそれぞれの興味に応じてこちらも読んでみてください。

また、読んでいただければわかると思うのですが、この本の中では「差別」という現象についてくり返しふれています。これは、著者である私自身が差別、とりわけセクシュアルマイノリティ（性的少数者、性に関して世の中の「普通」とはちがう生き方をしている人のことです）に対する差別について考える研究者であることが理由です。私たちが日常で感じる「イラッ」や「モヤモヤ」が実は差別という問題につながっていること、それゆえ、「イラッ」や「モヤモヤ」を避けることは差別を減らしていくことにもなると感じてもらえれば、私としてはうれしいです。

本書を手にとってくれた大人のみなさん、特に親や教師といった立場のみなさんには、まず謝らなければなりません。この本に出てくる大人は、「ずるい言葉」を発する「ずるい大人」ばかりです。そんなに大人を悪く言うなよ、と言いたくなるところもあると思いますが、この本の大事な読者である中学生や高校生に、まちがいをまちがいと見抜く知恵（ちえ）を手に入れてもらうためにしたことですので、お許しください。

とはいえ、大人はこの本の対象外である、と言いたいわけではありません。むしろ大人こそ、この本で取り上げた「ずるい言葉」を言われる（ときには言ってしまう）ことが多いのではないでしょうか。その意味で、この本の内容は、大人にとっても、あるいは大人にとってこそ実感を持って読んでもらえるものであると思っています。会話例は「子ども向き」ですが、それぞれの経験にもとづき別の例に置きかえながら、ぜひ読んでいただければと思います。

前置きが長くなりました。29のシーンはどのような順番で読んでいただいてももちろんかまいません。もしよろしければ、だれもが言われてイラッとしたことのあるあの言葉、「あなたのためを思って言っているんだよ」を最初のシーンに置きましたので、そこからどうぞ。私が用意した「処方箋」のどれかが読者のみなさんのかかえているなやみに「効く」ものであれば、とても光栄です。

森山至貴（のりたか）

第3章
"わかってる"がカンチガイな言葉　75

第4章
"決めつけ"がカンチガイな言葉　95

第5章
"思いこみ"がカンチガイな言葉　115

第8章
"差別意識"がカクレた言葉

イラスト 神保賢志
ブックデザイン 大場君人

第1章

"上から目線"がカクレた言葉

1

シーン①

「あなたのためを思って言っているんだよ」

ずるい度 ★★★

高校に入学したらダンス部に入りたい

ダメ。ケガでもしたら大変だし、
そもそも大学受験に向けて
勉強しなきゃいけないんだから、
部活動なんかやってる暇(ひま)はない

勉強だけがすべてじゃないって
昔は言ってたのに、ずるい

とにかくダメなものはダメ。
あなたのためを思って言っているんだよ

▶ 心変わりは悪いこと？

自分のやりたいことをなんでもできるわけではないことくらい知っています。でも、そんな言葉であきらめさせられたくないと思うとき、やっぱりありますよね。特にこの、「あなたのためを思って言っているんだよ」という言葉。こんなことを言う大人って、ずるくないですか？

ではどう「ずるい」のか、少し丁寧（ていねい）に考えてみましょう。

シーン①には、「あなたのためを思って言っているんだよ」以外にも気になる部分があるので、そちらを先に考えておきます。そう、「昔は言ってたのに」です。たしかに、言っていることが以前といまとで異なるというのでは、納得なんかできません。「勉強だけがすべてじゃない」とさんざん言っていた人が「勉強だけしろ」と言うなんて、全然一貫（かん）していません。そういうところが「ずるい」、と言えるのではないでしょうか。

とはいえ、一度口に出した主張は二度と変えてはいけない、わけではありません。**人は変わるし、変わってよいのです。大事なのは、どう変わったのか、なぜ変わったのかを必要に応じてきちんと説明すること**です。だから、おそらくシーン①でよくないのは、心変わりを指摘された側が「とにかく」というなんの説明にもならない言葉で対話を遮ってしまったことにあるはずです。この「とにかく」のよくなさについてはあとで取り上げることにしましょう。

私のためになってません

さて、いよいよ「あなたのためを思って言っているんだよ」の解剖にとりかかります。あらためて考えてみると、この言葉を言われていやな気分になるのは、かなり不思議です。たいていのことなら自分のためにわざわざしてくれたらうれしいはずなのに、「あなたのためを思って言っているんだよ」にはおそらくまったく喜べない。なぜでしょう？

まず、「あなたのため」と言いながら実は自分のためだから、という場合がありそうです。たとえば、子どもが一流大学に入ることを望んでいるように見えて、「一流大学に子どもを入学させた自分」という立場を手に入れたいだけの大人もいるでしょう。そんな本音が透けて見えたら、怒りたくもなるものです。

とはいえ、「あなたのため」と「自分のため」が重なっている場合もあります。保護者にとっての子ども、教師にとっての生徒は、幸せになってくれると自分も幸せになれる、そういう「あなた」であることも多いはずです（というか、多くあってほしいです）。「自分のため」成分がふくまれているからといって、「あなたのため」成分がゼロになってしまうわけでもありません。

では、たしかに私のことを思っての言葉だと確信できれば、ダンス部に入ることをあきらめるのも仕方ない、と思えるようになるでしょうか？　私ならばなりません。だって、**「あなた」のためを思って言っていることが、本当に「あなた」のためになるとはかぎらない**ではないですか。

ダンス部に入りたい人にとって、ダンス部に入ることは当然自分のためになることです。それをひっくり返すだけの根拠(こんきょ)もなく「とにかく」したがえと言われても、納得はできないでしょう。**「とにかく」のよくないところは、心変わりについての説明をこばむだけでなく、「あなたのため」に本当になっているかの説明をこばむ点にある**のです。

足りない「根拠」を別のものでうめ合わせないで

でもちょっと待ってください。「とにかく」したがわせたいなら、なぜ「あなたのためを思って言っているんだよ」とわざわざ付け加えるのでしょう？

こう考えられないでしょうか。**本当に相手のためになるか説明しない、あるいはできないからこそ、「あなたのため」だとわざわざ言うことで、足りない「根拠」のうめ合**

わせをしている、と。つまり、「こんなにあなたのことを思っている私の判断が、まちがっているわけはない」という心理が、「あなたのためを思って言っているんだよ」という言葉の後ろにかくれている可能性があるのです。これはやっかいです。「あなたのため」だからこそ、「あなた」に納得してもらう必要はない、ということになってしまいますからね。

でも、「とにかく」は逆のことも示しているように私には思えます。つまり、本当は納得してもらう必要があるはずだと、無理強いする側もうすうす気づいているのではないでしょうか。乱暴な拒絶は、説明しない自分に後ろめたさを感じていることの裏返しです。であるならば、その後ろめたさに訴えかけてはどうでしょうか。

「あなたのためを思って言っているんだよ」と押し切られそうになったら、「どうして私のためになるのか説明してほしい」と切り返しましょう。誠実な人であればきちんと説明してくれるはずです。仮に納得できなくても、そこには対話の余地が生まれるのですから無理強いよりはずっとマシです。

おそらく、説明を拒絶される場合も多いでしょう。そのときは、説明する気もない人は放っておいて、自分の好きなようにすればよいのです。

ぬけ出すための考え方

根拠を説明できないのに他人の行動をしばろうとするとき、「あなたのため」が登場します。私のことが大事なら、私が納得できる説明が必要だとわかっているはず、と伝えて対話の機会を引き出そう。

もっと知りたい関連用語

【自分のため／あなたのため】

ドラマ『相棒』の第10シリーズ「アンテナ」の回、主役の杉下右京が引きこもりの青年にこう語る場面があります。「人は100%だれかのためにだけ話をすることはできません。必ず主観というものが入りますからねえ。たとえそれが親でも。そして、あなた自身もそうなんですよ。ですから相手の言葉に主観が入っていても、それはあなたを裏切ったことにはならないんですよ」。「主観」を「自分のためになる要素」と読みかえたとき、「自分のため」だからずるい、とは言い切れないと私は考えるようになりました。

【パターナリズム（paternalism）】

「あなたにとってよい選択は私が知っているのだから、あなたはそれにしたがえばよい」という考え方を、パターナリズムと呼びます。「パターナル（父の）」は英単語のfatherと同じ語源です。一家の稼ぎ手である父親が、経済力を持たず自力では生活できない妻や子どもの生き方をコントロールすることを批判するために使われはじめた言葉です。単にしたがえ、ではなく、「それがあなたにとってよいことだから」という理由が持ち出されるのが、この考え方の巧妙でずるいところです。

シーン②

「そんな言い方じゃ聞き入れてもらえないよ」

ずるい度 ★★★

うちの担任、「お前の髪(かみ)は茶色いから地毛証明書を提出しろ」って言うんだよね

そもそも髪の色なんか勉強には関係ないんだから、口出ししなくていいのに

やっぱりそう思うよね？
余計なお世話だって言ってやろうかな

そんな言い方じゃ聞き入れてもらえないよ。証明書を出したくないならちゃんとお願いしないと

言葉づかいなんて考えていられない

理不尽な行為や態度への怒りを表明するときに、言葉づかいなんか考えていられません。だっていま、怒っているんですから。でも、そんなときにこう言われたこと、ありませんか。

「そんな言い方じゃ聞き入れてもらえないよ」。

こう言われると、ぐっとつまってしまいますよね。では、なぜこのとき私たちは「ぐっとつまる」のでしょうか？

たしかに、怒りを共有してもらえないことにがっかりしたから、という理由はありそうです。でも、理由はそれだけではないはずです。「言い方が悪い」という批判が当たっている気がするから、ということはないでしょうか。**きつい言い方をするのはよくないことだと思う気持ちは、たしかに私たちの中にあります**。ならば、やはり言い方には気をつけたほうがよいのでしょうか？

聞き入れる側とお願いする側

でも、よく考えてみましょう。そもそも、言い方に気をつけたら聞き入れてもらえたとして、それは望ましいことなのでしょうか。シーン②に関して言えば、勉強と髪の色は関係ないのですから、そんなことに教師が口をはさむべきではない、というのは正しい主張です。でも、**言葉づかいが問題だということは、正しいだけでは聞き入れられない、ということ**ですよね？　これって、かた苦しい言葉になりますが、やっぱり不正義ではないでしょうか？

不正義の中身をさらに考えてみましょう。「言い方が悪い」という批判の裏側には、「正しいことであっても言い方が悪ければ聞き入れなくてかまわない」という主張がかくれています。これはとても奇妙な主張です。私たちは、正しいことをひとつずつみんなで共有しながら社会をつくっているはずですが、この主張の中では「みんな」はなぜか「聞き入れる側」と「お願いする側」に分けられているからです。

「言い方が悪い」という批判は、聞き入れてやるかどうかを判断する権限が「聞き入れる側」に与えられていることを前提にしています。そのため、**「お願いする側」とそれを「聞き入れる側」という役割を固定してしまう危険**を秘めているのです。そして、この役割分担が危険なのは、**現状で力の強い立場と弱い立場の間にある不均衡に沿うかたちで役割が分担されることがとても多い**からです。

丁寧で礼儀正しくあること自体はたしかによいことでしょう。でも、力の強い立場の人間は、実際には丁寧で礼儀正しくなくてもかまわないのです。なぜなら、そもそも立場の強さで自分の願いを押し通すことができるから。そのため、丁寧で礼儀正しくあることは、力の弱い立場の側にばかり求められてしまうのです。

さらに重要なのは、**丁寧さ、礼儀正しさの要求レベルを「聞き入れる側」が決められる**、ということです。もっと丁寧に、もっと礼儀正しく、と要求すれば、「お願いする側」にとってのゴールポストはどんどん遠ざかります。だから、「聞き入れる側」はものの「言い方」を理由にすればどんな「お願い」にもノーと言えてしまうのです。

ずるい、と言わざるをえません。

私にお願いさせないで

問題の根っこの部分がだいぶ見えてきたようです。私たちが「そんな言い方じゃ聞き入れてもらえないよ」という言葉にいら立つのは、正当なはずの主張が、弱い立場の側が強い立場の側にする「お願い」にさせられてしまうからではないでしょうか。

「言い方が悪い」という批判を受けてしまったときに重要なのは、これは「お願い」ではないのだ、ということを少なくとも自分自身に、できれば相手にわからせることです。

ここで役に立つのは、社会によって弱い立場に置かれたさまざまな人たちが、ときに道徳的に正しくないように思える「汚い言葉」や「手荒な方法」を使うことで世の中を少しずつよくしてきた事実です。実は、この乱暴さは、道徳的な正しさが自らを「お願いする側」という弱い立場に再び追いやってしまわないよう、わざと選ばれたものだったのです。

ですから、「そんな言い方じゃ聞き入れてもらえないよ」という言葉を投げつけられたら、「お願いする側」に追いやられることから逃げる必要があります。シーン②の例にのっとれば、これは正しさの問題であって、下手に出て「お願い」すべきことではないとまず友人と確かめるところからはじめる必要があるのです。

もし教師が「言い方が悪い」と言ってきたら……なかなかになやましい問題です。私ならこの本を見せて、次の言葉を読んでもらうかもしれません。「生徒が『お願い』をする立場だと考えているのなら、あなたはもう正しさとは異なるモノサシで自分の立場を守っているにすぎない。それ、この本を読んだ生徒には、とっくに見抜かれていますよ」。

ぬけ出すための考え方

「言い方」は、理不尽なことに対する反論を封じるための便利な口実にすぎません。自分が「お願い」する立場、つまり弱い立場に追いやられないように気をつけよう。

もっと知りたい関連用語

【社会運動】

世の中をよくするための取り組みを、少しかたい表現で「社会運動」と言います。社会運動の中には、「ゴミを減らしてリサイクルをしよう」「古い町並みを守ろう」「保育所をたくさんつくろう」といったものもありますし、「女性への偏見をなくそう」「外国人と共生しよう」「公共施設を障害者も使いやすいものにしよう」といったものもあります。特に後者の３つなどは、本文中でも書いた「社会によって弱い立場に置かれている」人々の生き方や暮らしにかかわるものですので、社会的弱者、あるいは社会的マイノリティ（直訳すると少数派、という意味です）の社会運動とも呼ばれます。

【トーン・ポリシング（tone policing）】

主に差別（第８章参照）に対する意見に対して、「言い方が悪い」という批判によってその力を弱めようとすることをトーン・ポリシング（言い方の取り締まり）と言います。それ自体は差別ではないように見えるのですが、差別を維持したり、より強めたりする効果があります。

シーン③

「どちらの側にも問題があるんじゃないの？」

ずるい度 ★★★

今日、宿題を提出していないって国語教師に一方的に怒られたから、こっちもカチンときて『ちゃんと提出したからもう一度確認して』って大声で言い返してやった

けっきょく提出はされてたの？

もちろん。でもあいつ、謝りもしなかった

でもまあ、どちらの側にも問題があるんじゃないの？お互(たが)いどなり合ったわけだし

悪いのは内容？　方法？

ただでさえ教師からひどい仕打ちを受けたのに、ぐちをこぼした友人に「お前にも問題がある」と言われたら、「君ならわかってくれると思ったのに」とげんなりしてしまうこともあるでしょう。その感覚は正しい、と私は思います。だからこのシーンでは、「どちらの側にも問題があるんじゃないの？」という言葉がどうおかしいかを考えていきます。

当たり前のことですが、だれが宿題を提出したかを正確に把握（はあく）できていないのは、教師のミスです。自分のミスで、悪いことをしていない生徒を一方的に怒ってしまったわけですから、悪いのは教師です。もちろん、教師といえどもまちがえることはありますが、それならミスがわかったときにはきちんと謝るべきでしょう。

さて、あきらかに教師が悪いこのエピソードが、どうして「どちらの側にも問題がある」ことになってしまうのでしょうか？

この友人は、教師と生徒がともに「どなり合った」から、どちらにも問題があると思っているようです。たしかに、表面的にはどちらも同じく「どなる」という行為をしています。でも、どなる理由はまったくちがいます。教師は、生徒が悪いこと（宿題忘れ）をしたというかんちがいを生徒にぶつけていて、生徒はそのまちがいを指摘（してき）しているわけです。

くり返しになりますが、当然悪いのは教師のほうです。裏返して言うと、「どちらの側にも問題がある」と考えているこの友人は、それぞれの主張の内容はわきに置いて、それを伝える方法にだけ着目しているということになります。シーン②と似たことが起こっていますね。つまり、**主張を無視して方法にだけ着目することで、なにが悪いことなのかをきちんと考えることから遠ざかっている**のです。意識してかそうでないかはわかりませんが。

どちらが先で、どちらがあとか

内容を無視して方法だけに着目することに関連して考えてみたいのが、このエピソードにおける「どちらの側にも問題がある」という表現の問題点です。

「どちらの側にも問題がある」という表現からは、まず教師が生徒に一方的に怒り、それに対する正しい反論として生徒が言い返したという順番まではわかりません。順番が無視されると、その行為に正当な理由があるかどうかわからなくなるので、結論が乱暴になるのです。

もちろん、順番が先のほうが悪い、と常に言えるわけではありません。たとえば、尻ポケットに入れておいた財布をスリに盗まれた場合、はどうでしょう？「スリはもちろん悪いが、尻ポケットなんかに財布を入れておいたお前も悪い」という人は多そうです。たしかに、もし順番が先のほうが悪い、ということになると、スリが財布を盗む前に尻ポケットに財布を入れておいた被害者のほうが悪いということになります。でも、当たり前のことですが、「先に尻ポケットに財布が入っていたからといって、それを盗んではいけない」に決まっています。

だから、**できごとの順番は、それ自体ではどちらが正しいかを決める基準にはなりません。でも、どちらが正しいかを判断するために、なくてはならない材料ではある**でしょう。「どちらの側にも問題がある」という表現は、この大事な材料を無視してしまっているのでおかしいのです。

なにもせずに正しい人になりたい

そもそも、教師が悪いのはあきらかなのに、なぜ生徒の側も悪いと言いたくなってしまうのかを考えてみましょう。

だれかが川でおぼれていて、目の前にあるうき輪を投げればその人を助けることができるとしたら（手やうでに障害やケガがないかぎり）、うき輪を投げますよね。ではもし、

「おぼれている人を助けるのは正しいことだと思っているにもかかわらずうき輪を投げない人」を見かけたら、あなたはどう思うでしょう？「人命救助が正しいと思っているなら、うき輪ぐらい投げろよ」と思いませんか？

そうなのです、**私たちは、なにかを正しいと判断するならその正しいことをすべきだ、と考える**のです。でも、私たちにとって、なにかを正しいと判断することは、それをしなければいけないと認めることにもなるので、けっこうめんどうです。

でも、正しいことをせずに「正しい人」になれる方法がひとつあります。それは「あなたは正しくない」と指摘することです。そうすれば、あなたとちがって私は正しい、ということにできます。自分では特になにもせずに。

一緒に抗議（こうぎ）するとか、怒りに共感するとか、そういったことはせずに自分を正しく見せるため、本当は正しいとわかっていることを正しくないと言ってしまおうとすることが、残念ながら私たちにはよくあります。そんなときに「どちらの側にも問題がある」はとても便利な言葉です。でも、そうやってできあがるのは、「なにもしない、特に正しくもない人」です。そうなる前に、私たちは少しでも正しいことを正しいと言うべきだし、正しいことをすべきなのだと思います。

ぬけ出すための考え方

どちらの立場が正しいのかも考えず「なにもせずに正しい人」になろうとすると「どちらの側にも問題がある」と言いがちになります。やりとりの順番などに気をつけて、どちらが正しいのかを考えよう。

もっと知りたい関連用語

【因果関係と責任】

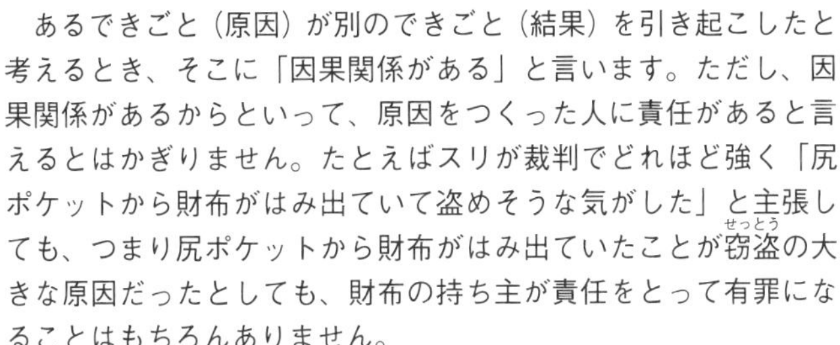

あるできごと（原因）が別のできごと（結果）を引き起こしたと考えるとき、そこに「因果関係がある」と言います。ただし、因果関係があるからといって、原因をつくった人に責任があると言えるとはかぎりません。たとえばスリが裁判でどれほど強く「尻ポケットから財布がはみ出ていて盗めそうな気がした」と主張しても、つまり尻ポケットから財布がはみ出ていたことが窃盗（せっとう）の大きな原因だったとしても、財布の持ち主が責任をとって有罪になることはもちろんありません。

【コミットメント（commitment）】

コミットメントの訳は難しいのですが、「積極的な参加」がよいでしょうか。「義務」というニュアンスがこめられることも多いです。なにかが道徳的に正しいと思うならそれをすべきだ、と言えるかどうかは正しさの具体的な内容で変わり、私たちの道徳に関する直感や立場でも変わります。ただ、多くの人が、道徳的な正しさにはなんらかのコミットメントがともなうべき、つまり思うだけではダメで、その正しいことをすべき（場合がある）、と考えているとは言えそうです。

シーン④

「はっきり言わない あなたが悪い」

ずるい度 ★★★

クラスメイトと
父親の話題になったんだけど、
黙(だま)ってたらノリが悪いって言われて
気まずくなっちゃって

なんで黙ってたの？

両親が離婚(りこん)してて
今は母親と暮らしてるんだよね

それって言われなきゃわかんないよね。
はっきり言わないあなたが悪いよ

▶「ノリ」を言い訳にしないで

「ノリが悪い」という批判は実は不思議です。会話から抜ける人を許したくないからこんなことを他人に言うのでしょうが、そうやって「ノリ」で他人のふるまいを制限すればするほど、めんどうくさくなってその輪から抜け出たいと思う人は増えてしまいます。黙って会話を楽しみたいと思う人が聞き役に徹（てっ）していることができる場のほうが、居心地もよく結果的に抜ける人も減るはずです。もっとも、どうしても抜けられるのがいやだと思っている人（他人が自分と同じでないと気がすまないから不安になるのでしょうか）には、こういった冷静な判断はできないのかもしれませんが。

さて、シーン④では父親のことが話題になっていますが、家族の話題や恋愛の話題、おこづかいの話題なども他人と話したくない人はいるでしょう。これらの個人的なことがらについては、だれもができるだけいやな思いをせずにすむように、それを話題にしてよいかをみんなであらかじめ決めたり、あるいはその場にいやな思いをしていそうな人を見つけたら勇気を持ってその話題を終わらせたりする必要があります。

とはいえ、どのような個人的なことがらを話題にしてよいのかは、実際にはそう簡単に決められませんし、決まりません。

会社や学校など、あらかじめ人間関係の目的（仕事や学習）が決まっている場合は、その目的と関係のない個人的なことがらについては会話を強制しない、もしくは会話ではふれない、と決めておくことができます。でも、クラスメイトや友人同士の関係では、そのようなルールを決めておくことはなかなかできませんし、そこまで決めたくないと思う人も多いでしょう。

ですので、**あらかじめルールをつくるのでなければ、個人的なことがらが話題になるかどうかは、会話に参加する人たちが話題にしたくないと思っていないかを見極めながら、そのたびごとに判断するしかない**ということになります。実は私たちは、毎日の何気ない会話の中で、このような見極めを頻繁（ひんぱん）におこなっているのです。

話してしまいたい相手、黙っていたい相手

でも、実際にはこの見極めはかなり複雑です。自分自身の個人的なことがらを会話の話題にしたいかどうかは、だれがその会話に参加しているかによって変わるからです。そう、個人的なことがらを話題にするかにおいて大事なのは、

会話の相手が信頼（しんらい）できる人かどうかではないでしょうか。

両親が離婚していることも、母親と暮らしていることも、苦労はあるかもしれませんが悪いことではありません。であれば、信頼できる人には話してしまいたいと思うこともあるのではないでしょうか。他方、世の中には離婚やシングルマザーといったことがらを「悪いこと」「恥（は）ずかしいこと」と考えている人もこれまた残念ながらたくさんいるので、そういう人には黙っていたいとも思うはずです。

繊細（せんさい）な話題について黙っていたい理由があると知っているにもかかわらず、そうした話題についてトラブルが起こったとき、打ち明けなかった側が悪いと言うのであれば、ここでは**人が傷つきかねない話題に関する責任が、傷つけられかねない立場の人に押しつけられてしまっています**。なんだか変です。

自分に問題があると言われたくない

本来、人が傷つきかねない話題に関しては、傷つけかねない側の人が気をつけるべきです。言いかえれば、打ち明けられないのは、打ち明けない側に問題があるからではなく、打ち明けさせない側に問題があるからではないでしょうか。

おそらく「はっきり言わないあなたが悪い」と発言した人は、自分が打ち明けさせない側になりうると気づいてしまったのでしょう。だから、自分に問題があると言われないように「はっきり言わないあなたが悪い」と先回りして言ってしまったのかもしれません。これはずるいですね。

でも、傷つけかねない側(たとえば、自分には両親がいて関係も良好だ、など)であることは、傷つけることとはちがいますし、打ち明けさせない側に立つことと同じではありません。傷つけかねない側にいても、相手を傷つけないこと、打ち明けても大丈夫だと相手に思ってもらうことは可能なのです。

だから、**「はっきり言わないあなたが悪い」と言う前に、どうしたら「この人には打ち明けても大丈夫だ」と相手に思ってもらえるかを考えましょう**。「私は悪くない」と言い張ることよりも、お互いに信頼し、いろいろな話題について会話できる人間関係をつくるほうがずっと大事だと、私は思います。

ぬけ出すための考え方

「はっきり言わないあなたが悪い」は、打ち明けにくさの原因を打ち明けない人に押しつけています。よい人間関係をつくるには、打ち明けさせない側にならないことをまず目標にしよう。

もっと知りたい関連用語

【カミングアウト】

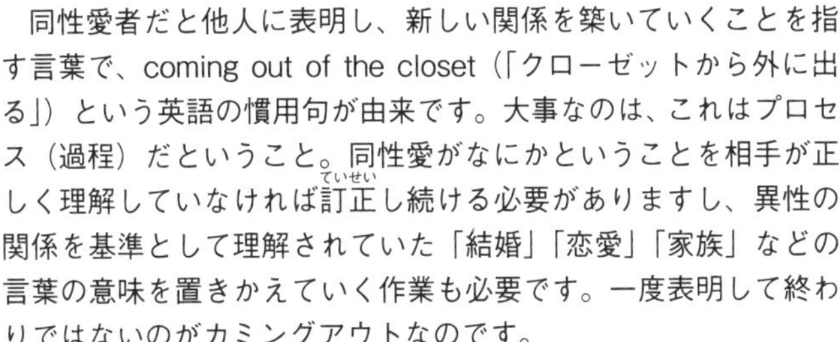

同性愛者だと他人に表明し、新しい関係を築いていくことを指す言葉で、coming out of the closet（「クローゼットから外に出る」）という英語の慣用句が由来です。大事なのは、これはプロセス（過程）だということ。同性愛がなにかということを相手が正しく理解していなければ訂正し続ける必要がありますし、異性の関係を基準として理解されていた「結婚」「恋愛」「家族」などの言葉の意味を置きかえていく作業も必要です。一度表明して終わりではないのがカミングアウトなのです。

【アウティング（outing）】

「否定的にとらえられがちななんらかの特徴を他人が勝手に明らかにすること」をアウティングと言います。当人がその特徴を恥ずかしくてかくしておきたいこと、否定すべきことだと思っていなくても、周囲の心無い人間がその特徴を理由にその人を傷つけることはあります。したがって、それを避けたくて黙っていることは非難されるべきではありません。アウティングは「かくしておきたい秘密の暴露」ではなく、プライバシーの侵害です。

シーン⑤

「言われた本人が傷ついてないんだからいいんじゃない？」

ずるい度 ★★☆

眼鏡(めがね)をかけはじめてから宮田のこと
ガリ勉ってあだ名で呼ぶ人増えたよね。
ちょっとからかっている感じがして
いやだな

でもあいつバレーボール命！
って感じの部活人間だよね？
本人はいやがってた？

いや、一緒になって笑ってたけど

言われた本人が傷ついてないんだから
いいんじゃない？

言われた本人はいやがっているかもしれない

打ち解けたつき合いの中で、名前を「さん」付けで呼び合うだけでなく、あだ名を付けて互いに気さくに接することもあるでしょう。でも、こういう一歩ふみこんだやりとりで相手を傷つけている可能性があるとしたら、私たちは立ち止まってよく考える必要があります。

まず、言われた本人がそのあだ名をいやがっているなら、そのあだ名で相手を呼んではいけないのは基本中の基本です。なんとなく場が盛り上がるから、他の人が喜んでいるから、という理由で本人がいやがっているあだ名で呼び続けるとしたら、それは数の多さを言い訳にした弱いものいじめでしかありません。

では、**言われた本人がいやだと言っていないなら、そのあだ名は使い続けてよいのでしょうか？**　ここではふたつに分けて考えてみましょう。

まず、言われた本人が、本心ではいやだと思っている場合です。もちろん、言われた本人の本心は他人にはわかりません。ですから、正確には、本人がいやだと言わないけれど本当はいやがっている可能性がある場合、そのあだ名を使い続けてよいのかを考える必要があります。でも、このように書いてしまうと答えは明白ですね。あだ名の選択肢はほぼ無限にあるのだから、なにも無理して相手がいやがっている可能性のある呼び方を続ける必要はないはずです。本当はいやがっていないか気にかけつつ、言われた本人がいやがらない別のあだ名を探してみればよいだけです。

とはいえ、本人がいやだと言わないけれど本当はいやがっている可能性にどうやって気づけばよいのでしょう。

ヒントはすでにあります。そう、周囲の人間のだれかが「からかっている感じがする」と思ったことが重要なのです。だれかが疑問に思ってそれを打ち明けたこと自体が、おそらくあだ名の決め直しのチャンスです。そう考えると、「言われた本人が傷ついてないんだからいいんじゃない？」は、このチャンスをみすみす逃す、きわめて「もったいない」発言です。

▶ 本当はいやがっているってどうやって気づく？

さて、では当人が本当に全然いやがっていない場合は、そのままそのあだ名を使い続けて問題がないのでしょうか。「バレーボール命！って感じ」の生徒は、自分が「ガリ勉」ではないと周囲もわかっていると確信しているから、このあだ名を受け入れているのでしょう。「ガリ勉」は、勉強熱心だったり成績優秀だったりする人を「おもしろみがない」とからかったり見くだしたりするのによく使われる言葉ですからね。

あだ名にかぎらず、**否定的な意味を持つ言葉は、むしろその言葉がだれにもあてはまらないことを仲間内で確認するために、あえて仲間内のだれかを指して使われる**ことがあります。つまり、本当はガリ勉ではないと知っているから相手を「ガリ勉」というあだ名で呼び、「ガリ勉」でないと自他ともに認めているから「ガリ勉」というあだ名を受け入れ、そのことで「ガリ勉はダサい」という価値観を共有する、ということがありうるのです。

言葉は「仲間内」のせまい範囲(はんい)を超(こ)える

でも、この仲間内の関係性の外側に、本当に勉強熱心な生徒がいて、「ガリ勉」という否定的な意味を持つ言葉が使われていることに傷ついているとしたらどうでしょう。もしかしたら、仲間内にも我慢(がまん)しているだけで傷ついている人がいるかもしれません。だれにでも意味が通じてしまうのが言葉の便利な性質ですが、だからこそ仲間内のせまい範囲を超えて意味は届くし、届くことによってだれかを傷つけてしまうのです。「言われた本人が傷ついていないんだからいい」とは言えません。特定のあだ名で呼ばれている人が傷ついていなくても、その人以外のだれかが傷つくことはありうるのです。

では、どうすればよいのでしょうか。あだ名で呼ばれた本人以外を気にかけるのはとても大変です。だからといってあだ名で呼ばれた本人のことだけ気にかけるのは、傷つけてはいけない人と傷つけてもよい人に他人を分けることになってしまいます。

だから、条件をゆるめましょう。**だれもが傷つかないあだ名の付け方ではなく、人を傷つける可能性の少ないあだ名の付け方と、それでも傷つけそうな場合のあだ名の付け直し方を考えればよい**のです。これなら実はそんなに難しくありません。

第一に、否定的な意味の言葉を他人に向けて使わない。「ガリ勉」とか「バカ」と「マヌケ」とか、これらが否定的な意味を持っていることはだれでも知っているので、簡単に実行できるはずです。そして第二に、だれかが「そのあだ名にいやな気分になる」とこぼしたときがチャンス。私が知らないだけで否定的な意味を持っている言葉があるのかもしれないし、そうでなくてもだれかが特定のあだ名で傷ついているかもしれません。別のあだ名を探してみればよいのです。

ぬけ出すための考え方

「言われた本人が傷ついてないんだからいいんじゃない？」は、だれかが傷ついていることに気づくチャンスを無視しています。「いやな気分になる」を聞き逃さず、だれも傷つかずにすむように言葉の修正を続けよう。

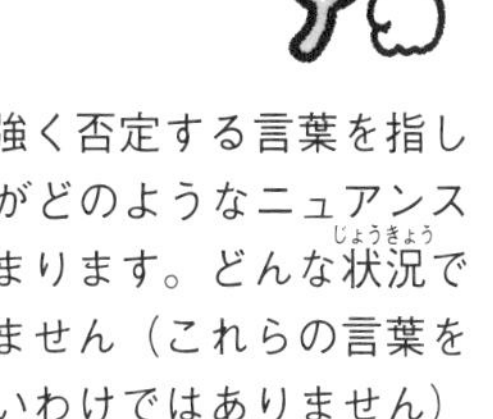

もっと知りたい関連用語

【差別語・侮蔑語】

なんらかの特徴を持つ人を見くだし、強く否定する言葉を指します。これにあたるかどうかは、その言葉がどのようなニュアンスで使われてきたかという歴史的文脈で決まります。どんな状況でも絶対に使ってはいけないわけではありません（これらの言葉を撲滅する「言葉狩り」をすべきと言いたいわけではありません）が、他人に対して使ってよい言葉ではないので、日常会話では避けるべきです。現代社会では、見くだしや強い否定のニュアンスを持たない言葉への置きかえも推奨されています。

【政治的な正しさ（political correctness）】

なんらかの特徴を持つ人に対する差別を防ぐため、否定的なニュアンスを持たない公正中立的な言葉を使うことを指します。これは本文の最後にあげた「第一」の段階に対応します。否定的な意味を持つ言葉の置きかえ表現をリスト化し、みんなが利用しやすいように整理する取り組み、と考えてもよいでしょう。政治的な正しさは大まかな基本方針、あくまで第一段階なので、具体的な人間関係の中で微調整する第二段階も加えることで、より風通しのよい人間関係が構築できると考えます。

シーン⑥

「いい意味でらしくない」

ずるい度 ★☆☆

最近知ったんだけど、
島田って足速いね

そうそう、あいつ足が速いだけじゃなくて、
スポーツ万能なんだよね

あれ、でもあいつって
アニメオタクじゃなかったっけ？

いい意味でらしくないよね

「らしい」のふたつの用法

ほめているのになんの問題があるの？　と思った人、ちょっと待ってください。丁寧に考えてみましょう。ほめる言葉は、一定の条件のもとでは人を傷つけるものになりうる、だから、「いい意味でらしくない」という言葉に居心地が悪くなるのは、なにも不思議なことではない、ということをここでは明らかにしていきます。

まず、「らしい」という言葉について考えてみます。この言葉は通常、「○○らしい」というかたちで使われますよね。シーン⑥も、「いい意味でオタクらしくない」が省略されたものだと考えることができます。この「○○」の部分に入る言葉は大きく分けて２種類あります。ひとつは個人を特定できる言葉です。「その服、似合っているね。とてもあなたらしい」「自分らしく生きよう」など、ある人に備わっているとされる特徴を、その人が実際に備えているときにこの「らしい」は使われます。

もうひとつ、「○○」には、集団に所属していることや、複数の人にあてはまるなんらかの特徴を持っていること（少し難しい言葉になりますが、これを「属性」と呼びます）を表す言葉が入ることがあります。「下級生の手本となるよう、もっと上級生らしく行動しましょう」「一度見ただけの風景をそんなに細かく覚えているなんて、やっぱり美術部員らしいね」「娘の彼氏に理由もなく怒るなんて、頑固親父らしい」などでしょうか。この場合は、ある属性にともなう性質について「らしい」が使われるのです。

▶「らしい」は評価をともなう

ここで注目したいのが、後者の「らしい」は、評価をともなうということです。ここには、「らしい」という言葉の持つ不思議な性質がかかわっています。実は**「○○らしい」は、実際には「○○」に備わっていないことも十分ありうる性質にこそ使われる**のです。私たちは「下級生より年上だなんて、上級生らしいね」「部活動の時間には絵を描いているなんて、美術部員らしいね」とは言いませんよね。「下級生より年上」「部活動の時間に絵を描く」のは、それぞれがそもそも「上級生」「美術部員」の意味なので絶対に正しいのですが、そういったことがらには「らしい」は使われません。ある属性の人が絶対に備えているわけではない、けれども備えていると予想される、あるいは備えていてほしい性質にこそ「らしい」は使われるのです。

さて、ある属性の人が備えていると予想される、あるいは備えていてほしい性質が実際に個人に備わっているということは、私たちの「期待通り」になっているということですから、基本的にはよい価値を持っているでしょう。

ところが、ある属性自体が否定的なものとして扱(あつか)われている場合、「らしい」もまた否定的な価値を持つことがあります。「頑固親父らしい」もそうですね。そしてさらに問題なのが、私たちの持っている誤った見方などのせいで、悪いものではないはずの属性が悪いものとされることです。理由もなく怒る頑固親父は悪い、と私は思いますが、アニメが好きでとてもくわしいだけのオタクが悪く言われるのはやはり正しくないでしょう。しかし残念ながらオタクが悪いものだと思われている場合、「オタクらしい」という言葉は、否定的な意味を持つことになります。

全然「いい意味」になっていない

そう、だからこそ「いい意味で」という言葉が必要なのです。「オタクらしい」ことはよくないと考えているからこそ、わざわざ「いい意味で」と付け加えられてしまうわけですね。ということは、「いい意味でオタクらしい」は、「あいつ」をほめていると同時に、オタクそのものをけなしているのです。**「いい意味で」は、全然「いい意味」になっていない**のです。

そもそも、冷静に考えればアニメオタクであることと、身体能力の高さは直接には関係がありません（運動の機会が激減するほどアニメを鑑賞していれば身体能力も下がるでしょうが、そこまでアニメが好きでないとオタクとは呼べない、とも思えません）。にもかかわらず「アニメオタクがスポーツ万能なはずはない」と思ってしまうのは、もちろん私たちがなんとなく共有してしまうイメージのせいでもありますが、「らしい」という言葉の不思議な性質のせいでもあります。「らしい」は、ある属性の持ち主が絶対に備えている特徴ではなく、実際には備わっていないことも十分ありうる特徴にこそ使われます。ですので、「オタク」にとっての「身体能力不足」のような、**関係がありそうだけど、本当は関係がない、あるいは関係が弱い性質にこそ「らしい」が結びつけられてしまう**のです。

「らしい」は便利な言葉ですし、よく使われもしますが、ある属性の持ち主にいろいろな「当たり前」を押しつけてしまう点で、取り扱いにかなり注意が必要です。特に「いい意味で」と組み合わさったときは危険。だれかをけなす目線がかくれていないか、気をつけて観察してみましょう。

ぬけ出すための考え方

「いい意味で○○らしい」は、「○○」を見くだす使い方で「いい意味」にはなりません。ある性質を備えていてしかるべきと思わせてしまう「らしい」に注意して、イメージの押しつけを回避しよう。

もっと知りたい関連用語

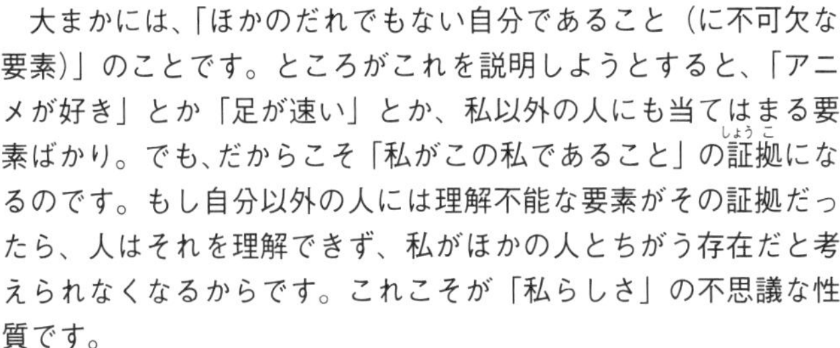

【アイデンティティ（identity）】

大まかには、「ほかのだれでもない自分であること（に不可欠な要素）」のことです。ところがこれを説明しようとすると、「アニメが好き」とか「足が速い」とか、私以外の人にも当てはまる要素ばかり。でも、だからこそ「私がこの私であること」の証拠になるのです。もし自分以外の人には理解不能な要素がその証拠だったら、人はそれを理解できず、私がほかの人とちがう存在だと考えられなくなるからです。これこそが「私らしさ」の不思議な性質です。

【所属集団と準拠集団】

所属集団は、文字通りある人が所属する集団、対する準拠集団は、ある人が守っているしきたりやルールを設定する集団です。一見私たちは、所属する集団のしきたりなどを守る（所属集団＝準拠集団）ことが多いように思えますが、たとえば「美術部員だけどいずれは放送部員になりたくて、『美術部員らしくなく』『放送部員らしい』ふるまいをする」というように、所属集団と準拠集団が一致しないことも少なくありません。「らしさ」の問題は、集団への所属や準拠の問題としても考えることができます。

コラム１　日本語、お上手ですね

日本語以外の言葉をまったく使えない私は、日本語以外の言語を第一言語とする人が日本語を学習して使ってくれると、本当に助かります。相手に感謝と敬意を伝えたいとも思います。でも、私と同じような人が似たような状況で「日本語、お上手ですね」と相手に言っているのを聞くと、なんだかいたたまれない気分になります。

もちろん、悪気がないのはわかります。でも、日本語を使いこなせる人同士の間で相手の日本語をほめることはありませんよね？　ということは、相手の日本語をほめることは、そのつもりがなくても「わざわざ」ほめていることになってしまっているわけで、それは裏返せば、相手を「日本語を使いこなせる人」扱いしていない、ということにほかなりません。相手の日本語に実は少しだけおかしなところがあるとか、本当は日本語なんて話せないはずなのに、といった、相手が日本語を話すことが「自然ではない」というかくれた前提を相手が受け取ってしまうとしたら、それはとても残念なことです。現に、日本語をほめられているうちはまだまだだ、という経験則が日本に来る留学生の間で語られることもあるようです。

そもそも、日本語を話せるからといって、日本語を学んでいる人を指導したり評価したりする必要も義務もありません。単に会話をすればよいし、相手の日本語にうまく理解できないところがあれば、素直にその真意をたずねればよいのです。そうやって相手の経験や考えに真摯（しんし）に向き合うことが、結果として日本語を学んで使ってくれている人へ感謝と敬意を伝えることになると、私は思います。

第2章

"自分の都合"がカクレた言葉

2

シーン⑦

「もっと早く言ってくれればよかったのに」

ずるい度 ★☆☆

体がだるくてなにもする気が起きないよ

前から言おうと思ってたんだけど、
最近ちょっとなまけすぎじゃない？

いや、生理が重くてつらくて……

なんだ、それならそうと
もっと早く言ってくれればよかったのに

手助けのふたつの方法

「もっと早く言ってくれればよかったのに」のなにがいけないのか、だってそうしてくれれば手助けだってなんだってできたのに、と思う人にこそ、立ち止まって考えてほしいのです。もっと早く言ってくれればよかったのだとして、それを相手に言ってしまうとなにが起きるのかを。

私たちはだれでも多かれ少なかれなにかしらに困っていて、だれかしらの手助けを必要としています。だから、この世の中で私たちが生きていくためには、困っている分だけ手助けが必要です。この手助けは、大きく分けてふたつの方法でおこなわれます。

ひとつめは、困っている人がいつでもどこにでもいることを前提に、前もって「手助けすることが通常運転」の状態をつくってしまう方法です。公共施設のエレベーターや点字ブロックの設置などが典型例ですね。そのほかに、「お年寄りには席を譲りましょう」といったモラル（道徳・倫理）に関するルールによっても「手助けすることが通常運転」の状態はつくられます。

もうひとつは、それぞれの困っていることに、その場その場で対処する方法です。体調が悪くて早く帰ってしまう友人のために、隣のクラスの友人に借りた教科書を代わりに返しておいてあげる、などですね。さすがに、こんなことはめったに起こらないので、あらかじめ手助けのためのルールをつくっておくことはできません。場面に応じて臨機応変に手助けするのがもっとも効果的なはずです。私たちの社会は、**「手助けすることが通常運転」と「場面に応じて臨機応変に手助け」を上手に組み合わせることで、困っているだれもが支えてもらえることを目指しています**。

困っていると言えないから困っている

さて、特にこのふたつめの方法には、とても大きな問題があります。だれがどんなふうに困っているのかを、どうやって周りの人は知ることができるのでしょう？　道ばたに倒(たお)れていれば明らかに手助けが必要だとわかりますが、だれもがそんなふうにわかりやすく困った状態におちいっているわけではありません。

一番わかりやすいのは、困っている人が「私は困っている」と申告する場合です。「言ってくれれば助けますよ」方式のしくみは、日本では介護(かいご)や保育など多くの分野で採用されています。でも、**本当に困っているときこそ、なかなか困っていると他人には言えない**ものです。月経（腹痛や睡眠(すいみん)障害など、深刻な健康上のトラブルをともなう人もいます）に関して周囲の理解が足りないがゆえに困っているとき、そのことについて困っていると申告しても、やっぱりわかってはもらえなさそうです。「困っていると言えない、言ってもわかってもらえない」ことに困っているわけですね。

ですから「もっと早く言ってくれればよかったのに」という言葉は、「もっと早くに言えない」苦労を見過ごしてしまう意味で、やや配慮に欠ける、ということになりそうです。

もちろん、「もっと早く言ってくれればよかったのに」と思ってしまうことを、私は悪いことだとは思っていません。「手助けしたい」からこそそう思うわけですからね。でも、「もっと早く言ってくれればよかったのに」という言葉を、いままさに困っている人にぶつけてしまうとなると話は別です。「困っていると言えないから困っている」ことを見過ごし、「困っているなら困っていると言えるはずだ」という前提を相手に押しつけることで、結果として、**「早く言わなかったあなたが悪い」というメッセージを相手に伝えてしまう**からです。ただでさえ困っているのに、さらに責められているように感じてしまったら、手助けを求めるのは難しくなるでしょう。

一瞬の冷静さがあれば、困っている人を責めずにすむ

「もっと早く言ってくれればよかったのに」は善意からの発言です。善意からの発言が「早く言わなかったあなたが悪い」というメッセージに置きかわってしまうのは、おそらく善意に少しばかりの後ろめたさが組み合わさってしまうからでしょう。たしかに、「最近ちょっとなまけすぎ」と非難した相手が月経中だと知れば、自分の心ないひと言に後ろめたさを感じることはあります。それは私たちが良心を持っていることの証拠でしょう。でも、その後ろめたさをふりはらいたくて、うっかり相手を責めたくなると「もっと早く言ってくれればよかったのに」という言葉が口をついて出てしまいます。

良心を持っている人が、良心を持っているがために困っている人をさらに追いつめてしまうことほど残念なことはありません。でも、一瞬の冷静さで私たちはこれを避けることができます。困っている人を非難しそうになったら、あるいはうっかり責めてしまったら「気づかなくてごめん、なにか手助けできることある？」と言うようにしましょう。大丈夫、困っているとあなたに打ち明けた相手なら、あなたの善意が届けばそれを快く受け取ってくれるはずです。

ぬけ出すための考え方

私たちは、困っていると打ち明けてくれた人をうっかり責めてしまうことがあります。「困っていると言えないことに困っている」と理解し、手助けしたい気持ちをうまく伝える方法を身につけよう。

もっと知りたい関連用語

【生存権】

日本国憲法第25条の第１項に「すべて国民は､健康で文化的な最低限度の生活を営む権利を有する」とあります。これが生存権です。人が幸せに生きるための最低条件を権利としてだれにも保障するのは、とてもよいアイデアです。では、だれが責任を持って手助けするのかというと、同じ第25条の第２項に、「国は、すべての生活部面について、社会福祉、社会保障及び公衆衛生の向上及び増進に努めなければならない」とあります。私たちは、国がこの責任を果たしているかを常に確認していく必要があります。

【申請主義】

日本では、介護や保育、生活保護などは申請によってその保障やサービスを受けられる方式、つまり「言ってくれれば助けますよ」方式をとっています。これが申請主義です。でも、困っている人は申請すら難しかったりハードルが高かったりすることもあります。また、どんな保障やサービスを受けられるかを知らないと、そもそも申請するという選択肢すら思いつきません。そのため、行政の側から困っている人に手助けを提案する方針への転換も少しずつ検討されています。

シーン⑧

「別に知りたくないから黙(だま)っていてくれればよかったのに」

ずるい度 ★★★

家計が苦しいから、
高校に入学したらバイトして
自分の学費にあてようと思ってるんだ

えらいねー。
なかなかできることじゃないと思うよ

ほらうち、父親がうわ気して
家を出て行っちゃったからさ、
母子家庭なんだよね

いや、それは別に知りたくないから
黙っていてくれればよかったのに

しんどいときにこそ手のひら返しされやすい

ここまで極端なことは少ないにせよ、味方だと思っていた人が、急に手のひらを返して冷たくなること、ありますよね。よりによって、こちらがしんどいと思っていることを打ち明けた途端に冷たくするのはなぜ、と問いつめたくもなります。「あなたに知っておいてほしい私のこと」をめぐるこういった行きちがいは、なぜ起こるのでしょうか。そして、どうしたらこの行きちがいを食い止めることができるのでしょうか。考えてみましょう。

手がかりは、打ち明けた内容が「こちらがしんどいと思っていること」の場合にこそ手のひら返しが起こりやすい、という点にあります。たしかに、実家が八百屋だと打ち明けたら相手が急に手のひらを返す、ということはかなり考えにくいです（そもそも、実家が八百屋だと伝えることを「打ち明ける」と表現するのがなんだか大げさですね）。予想される反応は、せいぜい「ああ、そうなんだ」くらいではないでしょうか。

では、なんらかのしんどい状況を打ち明けられた場合も、「実家が八百屋だ」と伝えられたときのように「ああ、そうなんだ」と応答すればよいのでしょうか。おそらく、私たちの多くは、「それはちょっと冷たいのでは」と感じるはずです。どうも私たちは、**しんどい状況を打ち明けられたら、相手のその状況に対して「助ける」とか「支える」といったかたちで、積極的にかかわるべきだと考えている**ようです。良心を持っているからこそ、打ち明けてくれた人のしんどさの解消に対して少しは責任を感じる、と言いかえてもいいでしょう。もちろん、それはまったく悪いことではありません。

ところが、この自分自身の良心を受け止めきれない人が（あるいはそういう場合が）存在します。しんどそうな相手を助けたり支えたりできない、あるいはしたくないがために、相手のしんどい状況そのものをとっさに否定しにかかってしまうのです。場合によっては「そんなのたいしたことじゃない」と応答することもありえますし、今回の例のように、「たいしたこと」であると認めざるをえない場合には、「聞きたくなかった」という苦しまぎれの言い方になってしまうのです。

「しんどい」と「助けてほしい」の間

そもそも、母子家庭で育ったこの人は、たとえば「お金を貸してほしい」というような、直接的な助けを求めていたのでしょうか。いいえ、特には求めていませんよね。頼(たの)

まれてもいないことを頼まれたと思って、でも引き受けられないから「頼むな」とばかりに拒絶（きょぜつ）するのは、やっていることがなにもかも大げさなのです。

相手が自分にしんどさを打ち明けたいと思って打ち明けたのならば、それを聞いて受け止めるだけで、もう相手を支えて助けていることになるのです。言いたいことがある人の話を聞いてあげれば、言いたい気持ちを尊重したことになっていますよね。

だから、先回りして「頼むな」と伝える必要はありません。あなたの言葉をきちんと受けとめました、とだけまずは言えばよいのです。「言ってくれてありがとう」でも「そうなんだ、大変だね。私にできることがあったら言ってね」でもかまいません。**人間関係は長く続くのですから、いまこの一瞬のひと言でなにもかも解決する必要はない**のです。

もちろん、そのしんどさゆえに、聞いてもらうこと以上のさらなる助けを求められる場合はあります。その場合は、あなたにできる範囲（はんい）で手助けをして、無理な場合は他の人を巻きこめばよいのです。むしろ、他の人を巻きこむためには、「その人がしんどい状況にあることをとりあえず知ってはいる」人がたくさんいる必要があります。でないと、巻きこみようがないからです。そのための手っ取り早い方法は、まずあなたが率先して「しんどいことを聞いて受けとめられる」人になることです。**「聞いて受けとめることはそんなに難しいことではないのだ」と周りに思わせることができれば、しんどい人の周りに手厚い応援団をつくることができる**はずです。

もし、あなたがしんどい状況をだれかに打ち明けて「聞きたくなかった」と言われた場合、ふたつの選択肢があります。ひとつめは、そういう人がむしろ持っているはずの良心にもう少し望みをつなぐことです。「いまなにか助けてほしいことがあるわけじゃない、知っておいてくれるだけでありがたい」とさらに伝えて、様子を見る、というわけです。

ふたつめは、そのまま相手からはなれることです。大丈夫、自分の良心にうそをつかず、できる範囲で他人をきちんと助けられる人は、ほかにたくさんいます。「知っておいてくれるだけでよかったのに、冷たいね」「こっちも言わなきゃよかった」と捨てぜりふを返すかは、そのときの怒りや相手との関係に応じて選んでかまわないと思います。

ぬけ出すための考え方

話を聞いて受け止めてあげるだけでも、相手を支え、助けていることになるとわかれば、私たちはいつでも助け合えるようになるはず。まずは聞いて受けとめる側になることからはじめよう。

もっと知りたい関連用語

【傾聴】

相手の話を熱心に聞くこと、という意味ですが、心理カウンセラーや精神科医など、心がしんどい状況を立て直すことを専門とする職業においては、「聞き手の意見をさしはさまず、話し手の話したいように話してもらってそれを聞き、よいとか悪いとかの評価はしない」という行為を指します。話したいように話してもらううちに、話し手の中でしんどさの原因が整理されて（解消はしないまでも）明確になることは、実はとても多いのです。あれこれ熱心に聞き出したりアドバイスしたりするよりも、相手の話す言葉をただ聞くだけのほうが相手を尊重し、相手のかかえる問題の解決に貢献することになるというのは不思議ですね。専門の職業についていない人でも、「相手の相談にすぐにアドバイスをしてやろうと思ってはならない」と理解すれば、日常の会話をお互いにとってより心地よいものにできそうです。傾聴、ぜひ挑戦してみてください。

シーン⑨

「そういうことはそういう人たちだけでやってくれ」

ずるい度 ★★★

先生、今度の文化祭で
体罰（たいばつ）について調べて発表するので、
協力してもらえますか

私は体罰なんかしたことないよ

それはわかってます。
だからこそお願いしているんです

そういうことはそういう人たちだけで
やってくれ、私は関係ない

▶拒否の焦点がずらされている

取りつく島もないというか、けんもほろろというか、教師だったらもう少し生徒の言うことに耳をかたむけてもよいのでは、と思ってしまいますよね。でも、この教師は頭ごなしに「体罰について発表なんてすべきではない」と否定しているわけではありません。むしろ、態度を保留したまま逃げているのです。そして、頭ごなしに否定しているわけではないけれど、いま取り上げられている話題からはっきりと逃げようとするこのような人、どこにでもいます。賛成でも反対でもない、かかわることへの拒否とも言えるこのやっかいな反応は、いったいなんなのでしょうか。

まず、この教師が実際には体罰に関する発表に賛成しているのか、反対しているのかを考えてみましょう。「あなたは体罰をしない教師だ」と生徒が言っているにもかかわらず、その発言に同意しないどころか無視していることから、この教師はどうも体罰に反対はしていない、もしくは体罰に明確に反対することをためらっていることがわかるでしょう。本心では体罰は問題ないと思っているのかもしれません。体罰はダメな気がするけれどもなんとなくこの話題にはふみこみたくない、という可能性もありそうです。いずれにせよ、この教師は体罰にはっきりとは反対していません。

このように、**かかわることの拒否は、実際にはかかわることだけでなく、相手の想定する正しさのかたちの拒否をふくんでいます**。にもかかわらず、その正しさのかたちを直接否定しないのはなぜでしょうか。そうです、その**正しさのかたちを否定することが認められていないことを知っているから、かかわることのほうに拒否の焦点をずらしている**のです。体罰は問題ないと教師が言えば、もちろん大きな問題になります。だからこそ、「体罰のどこが悪いんだ」ではなく「私には関係ない」という言葉が教師の口をついて出てくるわけです。

▶「そういう人」ってだれのことですか?

次に、「そういうことはそういう人たちだけでやってくれ」の「そういう人」はだれを指しているのかを考えてみましょう。教師は自分には関係がないと表明していますが、ではこの場合、教師はだれのことを関係がある人と考え、体罰に関する発表にもかかわるべきだと考えているのでしょうか。

体罰に苦しんだことのある生徒、体罰はよくないと発言している教師、体罰問題について考えているPTAの役員……なんとなくありえる気がしますが、だれのことを想定しているのか、もちろん正確にはわかりません。おそらく、「そういう人たちだけでやってくれ」と言った教師も、具体的な人物を想定していないのではないでしょうか。ふだんから関心を持っている人がやればよい、となんとなく考えているだけのはずです。

当たり前のことですが、体罰の問題は、体罰について関心がある人のみが考えればよい問題ではありません。体罰をする可能性がある教師がだれよりも熱心に考えるべきなのは明らかですし、関心がない人こそ体罰をしたり、容認したりしかねないわけですから、体罰についてだれよりも考えるべきは関心のない教師です。そう、「そういう人たちだけでやってくれ」とかかわることを拒否した教師こそ、体罰について考えるべきなのです。言われてみれば、**「私は関係ない」とかかわることを拒否する人にこそ関係が大いにあって、むしろきちんと関係してもらわなければならないときって、多いです**よね。

そもそも、実際に体罰を受けている生徒、友人の体罰に心を痛めている生徒、同僚（どうりょう）が生徒に体罰をあたえるのをやめてほしいと思っている教師は、体罰のことを考えずにはいられないのです。体罰について考えずにいられること自体、その人がなんらかの意味でめぐまれた、あるいは有利な立場にいることの表れです。考えずにすむ立場にいられることを「ずるい」と表現してよいかは場合によると思いますが、少なくともそこにある不平等はなくされるべきです（もちろん、だれもが体罰をせず、されず、したがってそれになやまされずにすむ、という方向に向かってです）。

ここまでの考察から、「そういうことはそういう人たちだけでやってくれ」にどう対処すべきかが見えてきます。まず、「体罰そのものには反対なんですよね？」と念押しする、すなわち、相手に自分と同じ正論の側に立ってもらうことは有効です（やや難しい言葉ですが、「言質を取る」わけです）。いまは協力や手助けが得られずとも、正論の側に立ってくれる人が多いことは将来的には利益をもたらします。

その上で「ではだれが関係すべきだと考えていますか？」と聞いてみましょう。「自分の問題としても考えざるをえないと（しぶしぶであっても）気づいて応答してくれればラッキーですし、あくまで他人事として応答されたら、別の人を味方につけて、今度はその人と一緒にもう一度アタックする方針に転換するほうが効率的です。

ぬけ出すための考え方

「そういう人たちだけでやってくれ、私は関係ない」なんて言う人にこそ考えてもらうべき問題があります。認めざるをえない正論をしぶしぶでも認めてもらうことが、将来的な問題解決に役立つはずです。

もっと知りたい関連用語

【体罰】

「体罰はありか、なしか」という問いの答えは、日本の法律においては明確に「なし」です。学校教育法の第11条には、「校長及び教員は、教育上必要があると認めるときは、文部科学大臣の定めるところにより、児童、生徒及び学生に懲戒を加えることができる。ただし、体罰を加えることはできない」とあります。平成25年の文部科学省の通達では、体罰を「身体に対する侵害を内容とするもの（殴る、蹴る等）」「児童生徒に肉体的苦痛を与えるようなもの（正座・直立等特定の姿勢を長時間にわたって保持させる等）」と示しています。また退学、停学、訓告のほか、肉体的苦痛を与えない「注意、叱責、居残り、別室指導、起立、宿題、清掃、学校当番の割当て、文書指導」は懲戒とされています。もちろん、なにが懲戒でなにが体罰にあたるかは議論の余地があります。でも、親や教師が学校での体罰はあり、と言っている場合には、関係する法律の勉強すらしていない可能性が高いです。体罰について議論するスタート地点にすら着けていないと判断されても仕方がないでしょう。

シーン⑩

「あれもこれも言えないとなるともうなにも言えなくなる」

ずるい度 ★★★

山本先生って生徒たちから人気ですよね

女の先生だからね。
やっぱり美人だと得だよね

そういう言い方は
山本先生に失礼だと思います

美人っていうのはほめ言葉なのに。
そうやってあれもこれも言えないとなると
もうなにも言えなくなる。息苦しい

余計なお世話、迷惑（めいわく）です

じゃあなにも言わないでください、そのほうがみんなのためです、以上……でシーン⑩の考察を終わらせるわけにはいかないので、なぜ「あれもこれも言えないとなるともうなにも言えなくなる」という発言がよくないのか、検討してみましょう。

シーン⑩は山本先生という女性教師に関する男性教師と生徒の会話です。山本先生が生徒に人気なのは「女性だから」「美人だから」と表明する男性教師に対して、生徒は立派にも抗議（こうぎ）しています。

たったいま「立派」と書いたのは、山本先生に対するこの男性教師の発言にはふたつの意味で問題があるからです。まず、山本先生が生徒に人気であることの理由を、教師として必要な能力を習得したからではなく、教育とは関係のない「女性であること」「美人であること」に男性教師は求めています。生徒から人気がある、という教師としての長所を、山本先生は正当な努力をせずに手に入れた、と言っているわけですから、これは**同僚について「努力不足」「ずるい」と言っているのと同じ**です（そういえばこの教師は山本先生に対して「得だ」と発言しています）。これはあまりにも不当です。

もうひとつの問題は、この不当な評価を生徒に聞かせてしまっていることです。残念ながら生徒は、性別や見た目で教師に評価をくだしてしまうことがあります（たとえば髪(かみ)の毛を茶色く染めている先生は「不まじめ」だから「教師に向かない」とか）。でもこれらははっきり言って余計なお世話です。そして**教師は、生徒が教師に対して余計なお世話をしないように、そういったふみこんだ発言が失礼な行為にあたると教えなければいけないはず**です。その立場にある教師が、あろうことか生徒よりも先にほかの教師を性別や見た目で判断していると表明しています。教師としてやってはいけないことをしている自覚が足りません。

▶ 実は、失礼にあたるともう知っている

この教師は、山本先生に対し教師として言ってはいけないことを言っているのですが、そのことをよくわかっていないようです。でも、ただよくわかっていないだけなら、単に「私の言葉のどこが失礼なのか？」と聞き返すのではないでしょうか。だって、失礼だと自覚していないわけですから。

むしろ、**批判された発言がたしかに失礼だ（とされている）と知っているからこそ「あれもこれも言えないとなる**

ともうなにも言えなくなる」と言ってしまうのではないでしょうか。あれもこれも言えない「となる」という言葉には、「とならない」場合への未練を感じることができますし、「息苦しい」という表現には、「あれもこれも言えない」ことの拒否の感情がにじみ出ています。男性教師は世の中の「言ってはいけないこと」ルールを知った上で、それにしたがいたくない、と発言しているのです。

私たちはすでに、性別や見た目によって「ずる」をして教師が長所を獲得した、という認識には問題があることを確認しました。ですので、「あれもこれも言えないとなるともうなにも言えなくなる」という言葉に対しては「言ってはいけないのにはきちんとした理由があるのだから、言ってはいけないのだ」と応答する必要があるでしょう。

でも、ここではもう少しこだわってみたいのです。だって「あれもこれも」は教師の性別と見た目のことしか指していません。それらについて話題にしなくとも、山本先生について言えることは無限にあるはずです。「なにも言えなくなる」なんて、いくらなんでも大げさすぎないでしょうか。生徒への言葉づかいは丁寧なのか気さくなのか、担当する教科に関する知識はどのくらい豊富なのか、授業の進め方にはどんな特徴があるのか、……などなど、語るべきことはいくらでもあります。

ひとつだけ、この教師にとっての「なにも言えなくなる」という不安が大げさなものでないことに説明がつけられる場合があります。この教師が、山本先生に関して考えたり発言したりするとき、常に山本先生の性別や見た目を判断材料にしている場合です。ともに働く教師の性別や見た目を気にしてばかりいるなんて、私からすると不自然だし、はっきり言って「気持ち悪い」のですが、まあそういう教師もいるのかもしれません。

もちろん実際は、この教師が山本先生の性別や見た目についてばかり気にしている、という極端なことは起こっていないでしょう。でも、ふだんから山本先生の教師としての能力を性別や見た目を通じて判断する「色眼鏡」をかけているから、それをはずすと自分のいままでのものの見方を否定されている気がして、「なにも言えない」なんて大げさなことを言い出すのかもしれません。

でも、色眼鏡ははずしてもらうほうがいいはずです。「なにも言えない」と言われたら、「性別や見た目について話題にできないだけでなにも言えないなんて、一緒に働いているのに山本先生のことを知らなさすぎではないですか?」と返しましょう。性別や見た目だけ気にしていると思われたくないなら、こちらにとって都合のよいかたちでとりつくろってくれるはずです。

ぬけ出すための考え方

失礼にあたる特定の話題を避けるだけで、その人についてなにも言えなくなるなんてことはありません。「ほかにも適切な話題はありますよね？」と誘導して失礼な話題を避けさせよう。

もっと知りたい関連用語

【ルッキズム（lookism ＝外見至上主義）】

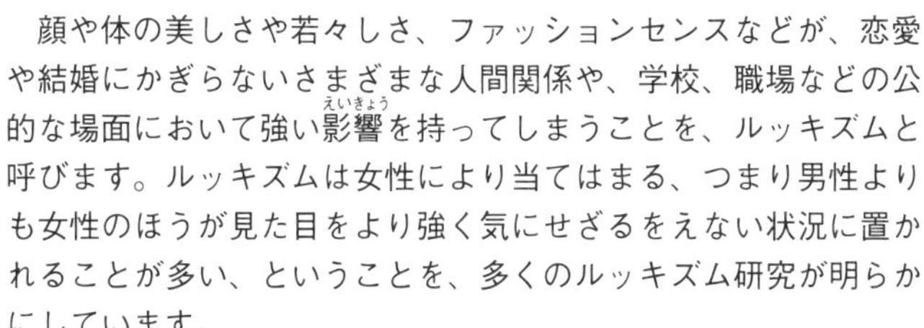

顔や体の美しさや若々しさ、ファッションセンスなどが、恋愛や結婚にかぎらないさまざまな人間関係や、学校、職場などの公的な場面において強い影響を持ってしまうことを、ルッキズムと呼びます。ルッキズムは女性により当てはまる、つまり男性よりも女性のほうが見た目をより強く気にせざるをえない状況に置かれることが多い、ということを、多くのルッキズム研究が明らかにしています。

【間接差別】

ある特徴を持っている人の不利になる直接的な条件があるわけではないが、実際には、ある条件のせいで不利になってしまうことを指して、間接差別と呼びます（「差別」そのものについては第８章で解説します）。たとえば、教員を採用するとして、「男性も女性も見た目重視で選びます」となると、男性に比べて女性に対する見た目の要求水準は高いので、実際にはこの条件は女性に対して不利に働きます。これが間接差別の一例です。もちろん問題は、「見た目」という教師としての資質と関係ない（また切りはなされるべき）要素が採用の条件になってしまうことにあります。

コラム２　ただしイケメンにかぎる

「好みのタイプの人間からキスされたり手をにぎられたりするのは喜ぶくせに、他の男から同じことをされたらいやがったり傷ついたりするのはおかしい」と批判するために、「ただしイケメンにかぎる」という表現が使われることがあります。「イケメン」にかぎるのはずるい、平等じゃない、と言いたいわけですね。

ここは思い切って「イケメンにかぎってなにが悪いの？」と言ってしまいましょう。もちろんだれを「イケメン」と考えるかは人それぞれですし、恋愛対象が女性の人もいるでしょう。大事なのは、「好みの人からされてもかまわないことでも、他の人からされたくないと思ってよいし、その感情は尊重されるべきだ」ということです。恋愛や友人関係は、「互いに好意を持ったときだけ関係を結んだり深めたりすればよいのであり、好意を持たれたとしてもそれを受け入れる必要はない」という原則がだれにでも当てはまる、という意味で平等なのです。だれの好意も等しく受け入れなければいけない、という意味で「平等」なわけではありません。

ただし、「イケメンにかぎってよい」からと言って、その好意にあまえて相手になにをしてもいいわけではありません。相手の心や体を傷つける行為は当然ダメですし、心や体を傷つけかねない行為を予告や事前の許可もなしにおこなうこともダメです。もし相手が大好きな男性アイドルであったとしても、本当にとつぜん「壁（かべ）ドン」をされたら威圧（いあつ）的に感じて女性がこわがるのは当然です。「ただしイケメンにかぎる」からといって「イケメンならなんでも許される」わけではないのです。

第3章

"わかってる"がカンチガイな言葉

3

シーン ⑪

「友達にいるから わかるよ」

ずるい度 ★★☆

小学生のころ、
父親が病気で一時期無職だったんだよね

あー、友達にいるからわかるよ

え、なにを？

ほら、ご飯のおかずが
梅干し１個だったりするんでしょ？

どの意味に転んでも失礼

ここまでずけずけと失礼なことを言う人はそういないと思いますが、ではいったい、どこがどう失礼なのでしょうか？

まず、父親が無職だから貧乏（びんぼう）だと勝手に思いこんでいるから、という可能性はありそうですね。貧乏であることに対するなんらかのイメージを押（お）しつけているから、という可能性もありそうです。

でも、梅干しに関する発言がどちらの意味で失礼なのかははっきりしません。実際は本当に家計が苦しいのかもしれませんし、日々の食事に困っているのかもしれません。ですので、「事実とちがうから失礼」とまでは言えないはずです。むしろ、「具体的な理由はわからないけれど、どの意味に転んでも失礼に思える」というのが正直なところではないでしょうか。

そうなのです、**この発言が失礼としか言いようのないものであるのは、そもそも事実がどうなのかを知らずには言えないはずのことを勝手に言っているから**ではないでしょうか。

こう言いかえましょう。**決めつけている感じが失礼なのが問題**なのです。そういえば、父親が無職だったことのある生徒は「え、なにを？」と聞いていましたね。「まだなにもくわしいことを言っていないのに、いったいなにがわかるというのだろう？」と思っていたはずです。

善意を表すよい方法

さて、知らないのに決めつけているから失礼なのですが、決めつけている側にその自覚はなく、「自分は無職の父親を持つという経験について知識がある」と思いこんですらいます。そして友達にいるから「わかる」とはっきり言ってしまっています。このかんちがいについて、もう少し掘（ほ）り下げてみましょう。

たしかに、ある境遇（きょうぐう）の人に出会うと、同じような境遇の人は同じような生活を送ったり同じことを思っていたりすると私たちは判断しがちかもしれません。でも、だからといってだれもがその判断を口にするとはかぎらないでしょう。「私の知っているあの人となんか境遇が似ているなあ」と心の中で思うだけで黙（だま）っていることも少なくないはずです。では、なぜ「似ている」と思ったことを口にしてしまうのでしょうか。いくつか理由がありそうです。

まず、物事をよく知っていると単にアピールしたいから、ということはありそうです。いわゆる知ったかぶりですね。

次に、知っているとアピールすることで、相手の経験を「よくある、したがってたいしたことのない話」として軽く扱いたいから、ということもあるかもしれません。

でも、梅干しのことを発言した生徒は、そのようには考えていないのではないでしょうか。むしろこの生徒の発言は善意からなされたものである、という可能性を考えてみたいのです。

「父親が無職」のように、**相手がなんらかの意味で困った状況におちいっていると思われる場合、私たちはうっかり善意から、わかっていると言って相手を安心させようとする**ことはないでしょうか？　私は理解のない人間ではないから心配ないよ、と言ってあげたいことはあるでしょうし、その気持ちは立派だと思います。

でも、善意であろうと立派であろうと、それが決めつけであれば逆効果です。「知った気になっているけれど、この人はなにもわかってないな」と相手が思ったら、身がまえて接するか、距離を置くのも当然ではないでしょうか。だって、**その人の善意は、なんの事実にも支えられておらず、自分を助けたり支えたりする役には立たない（のに役に立つ気満々で接してくる）**のですから。

ここで、梅干しのことを発言してしまった側に立って「こっちは善意で言ってやってるのに、それを失礼だと思うなんてわがままだ」と思っている人が読者の中にいるとしたら、それは相手を下に見ていることにほかならないと忠告しておきます。それは善意ではありません。もしあなたが善意の持ち主だと自覚しているのであれば、その善意をまちがえずに相手に伝えるにはどうすればよいかを考えるべきでしょう。

幸いなことに、善意を表すよい方法はほかにあり、それは決して難しいものではありません。知らないことは素直にたずねてみればいいのです。シーン⑪の場合なら、「なにが大変だった？」でもいいですし、「父親はいつ仕事に復帰したの？」でもかまいません。答えを無理強いしないということにだけは注意が必要ですが、そもそも父親のことを話題にしたのは相手なのですから、なにかしら話したいことがあるはずですし、話してくれるはずです。

同じ境遇の別の友達と状況がかなり似通っていると確信できてから、「実は友達にも似たような人がいて……」と話題に持ち出しても、おそくはありません。そのときなら、友人のことを持ち出したあなたのことを、「よくわかってくれている人だ」と考えてくれるはずです。

ぬけ出すための考え方

相手の事情も聞かずに、似た境遇の人を持ち出してわかった気になるのは厳禁です。それぞれがかかえる事情はちがうという前提で、まずは相手の話を失礼にならないように聞き、理解しようと努めよう。

もっと知りたい関連用語

【I have black friends 論法】

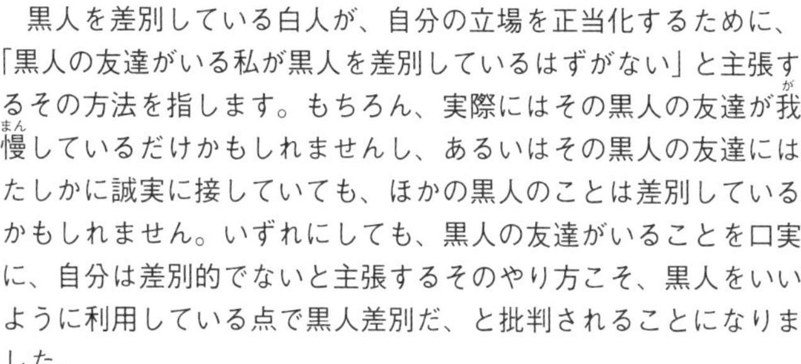

黒人を差別している白人が、自分の立場を正当化するために、「黒人の友達がいる私が黒人を差別しているはずがない」と主張するその方法を指します。もちろん、実際にはその黒人の友達が我慢しているだけかもしれませんし、あるいはその黒人の友達にはたしかに誠実に接していても、ほかの黒人のことは差別しているかもしれません。いずれにしても、黒人の友達がいることを口実に、自分は差別的でないと主張するそのやり方こそ、黒人をいいように利用している点で黒人差別だ、と批判されることになりました。

現在では黒人に限らず、セクシュアルマイノリティや障害者などに対する差別でも同じような論法が使われていることがわかっていて、そのいずれもが批判の対象になっています。

シーン⑫

「身近にいないからわからない」

ずるい度 ★★★

森川、今日も欠席だってね

この前の体育の授業も見学してたよね。
サボってんじゃない？

サボりじゃないし。
喘息（ぜんそく）がひどくてけっこう大変なんだって

ふーん。そんなこと言われても、
喘息の人なんか
身近にいないからわからないし

ハードルを上げるのは言い訳ですよね？

起こっていることは単純です。欠席した森川さんのことをずる休みだと非難した生徒が、それにはきちんとした理由があると別の生徒から言われて恥ずかしくなってしまう。その結果、喘息の話題を遠ざけるようなそっけない返事をしてしまったというわけですね。気になるのはもちろん、なぜ「身近にいないからわからない」という言葉が口をついて出るのか、ということです。

「身近にいないからわからない」と言ってしまうのは、自分がわからなかったのにはきちんとした理由があったからだと示したいからでしょう（これが本当にきちんとした理由になっているかはあとで考えます）。身近にいさえすればちゃんとわかった、ひどいことを言ってしまったのは自分が冷たい人間だからではない、と言いたいわけですね。

でもちょっと待ってください。それならば「わからなったから」で十分ではないでしょうか。もちろん、この言葉を開き直って言うか申し訳なさそうに言うかで聞き手の印象は大きく変わりますが、理由としては「わからなかったから」だけでよいはずです。なぜ「身近にいないから」と付け足してしまうのでしょう？

そもそも、この例の場合、身近に喘息の人がいることが、

「わかる」ためには必要なのでしょうか？　喘息が病気の名前であることくらい中高生ならだれでも知っています。喘息で休んだ生徒も、森川さんがはじめてなわけではないでしょう。だから、喘息がひどいから学校を欠席する、という事情を理解するのに、身近に喘息の人がいる必要はありません。つまり、「そういう人が身近にいない」は、そもそも理由になっていないのです。

理由になっていない言葉が口をついて出る理由は、その効果から考えるとわかります。欠席の事情について「身近にいないとわからない」ようなものに仕立て上げることで、「わかる」ことのハードルを上げてしまえば、そんなに高いハードルなのだから飛びこえられるわけがないということになるわけです。つまり、「わからない私は悪くない」という主張をより強めるために、喘息の人が「身近にいない」という無関係な情報が付け加えられているわけですね。最初に軽はずみに非難してしまったときに謝っておけばよかったのに、「私は悪くない」と言い逃（のが）れるなんて、ずいぶんとかっこ悪いことだと私は思います。

ですので「身近にいないからわからない」という言い訳に気づいたら、「そんなに難しい話はしていません」とたしなめるか、くぎを刺（さ）すことができるとよいと思います。シーン⑫で言えば、「喘息の人なんか身近にいないからわからない」と言われたら、「私もそこまでくわしい事情はわからないけれど、喘息がひどいと大変なことぐらいはわかるから、まあ今日ぐらいゆっくり休んでほしいと思うよ」などと言えればよいですね。だれよりも大変なのは、実際に喘息で苦しんでいる森川さんなのですから、森川さんを気づかいつつ言い逃れをやんわりと防げればもっともよいでしょう。

知っていると言い張らない、知らないと言い逃れしない

さて、シーン⑪では、「友達にいるからわかる」という知ったかぶりの問題を、シーン⑫では「身近にいないからわからない」という知らんぷりの問題を明らかにしました。このふたつを組み合わせると、なかなかに厳しい結論になってしまいます。つまり、**知っていると言い張るのもまずいし、知らないと言い逃れるのもまずい**のです。「知っている」と「知らない」のどちらを言ってもまちがいなら、なにも言えなくなってしまうのでしょうか。

そんなことはありません。よく読んでいただければわかりますが、「友達にいるからわかる」「身近にいないからわからない」といった言葉は、その場で話題になっている状況や、**実際に困っている人に目を向けることを怠(おこた)って、知っ**

ているあるいは知らないという方向に向かって話をそらしているからいけないのです。

ということで、知っていると言い張らず、知らないと言い逃れないために必要なのは、知っていることの分だけ知っていると相手に伝えて対話することです。とはいえ、これはとても難しいことです。自分はなにを知っているのかなんて、自分ではわからないことのほうが多いのですから。

話がそれるのは、相手を安心させたいとか、相手の話をたいしたことがないものにしてしまいたいとか、軽率な非難をとがめられたのできまりが悪い場合です。自分がなにを知っているかわからなくても、自分の内側のこのような善意や悪意になら、努力すれば気づけますね。つまり、知っていると言い張ったり、知らないと言い逃れしたりすることを、困っている相手に向き合うことより優先しようとしていないか、自分の気持ちを確かめることはできるはずです。そうすれば、自分の持っている分の知識だけを助けに、相手に誠実に向き合うよう反省することもできます。絶対の解決策ではないにせよ、私たちのだれもが今すぐにでもできる改善策として、これはかなり有効だと、私は思います。

ぬけ出すための考え方

「身近にいないからわからない」と話を広げるのは、「わかる」のハードルを上げて言い逃れをするためです。「そんなに難しい話はしてないよ」と相手に伝えて、言い逃れを上手にやめさせよう。

もっと知りたい関連用語

【アライ（ally）】

セクシュアルマイノリティではないけれど、セクシュアルマイノリティのかかえるなやみや問題をともに解決していこうとするマジョリティ（多数派）の人たちを指す言葉ですが、現在では女性、障害者、外国人などの問題についてもこの言葉が使われるようになってきました。また、マイノリティといってもそれぞれに置かれた状況がちがうので、あるマイノリティの人が別の（セクシュアルマイノリティ、女性、障害者、外国人といった）マイノリティの人のアライである、と表明することも増えています。

アライはなやみや苦しみをともに解決してくれる「いい人」たちだととらえるマイノリティも多いのですが、その手助けの仕方が「上から目線」だったり「ひとりよがり」だったりすると、マイノリティから反感を受ける対象になる可能性も当然あります。実際になやみをかかえている人でないと問題を解決できないわけではないですが、そのなやみをかかえていない人が解決にかかわる際には、マイノリティをかえって傷つけてしまわないよう、注意をはらう必要があります。

シーン⑬

「一方的に批判ばかりするからわかってもらえないんじゃない?」

ずるい度 ★★★

修学旅行のクラス行動、
なんで生徒じゃなくて
先生の独断で内容が決まるわけ?

修学旅行は遊びじゃなくて
勉強の一環(かん)だから、ってことじゃない?

候補地は先生に挙げてもらって、
その中から選ぶのすら
ダメっておかしいよ

そうやって一方的に批判ばかりするから
わかってもらえないんじゃない?

そもそも批判はいつも「一方的」

「一方的な批判」だからダメなんだ、と言われてしまったわけですが、クラス行動の内容を自分たちで決めたいと思っているこの生徒はきちんと交渉（こうしょう）をしていて、一方的にそれをこばんでいる可能性が高いのは教師のほうではないでしょうか。少なくとも生徒の側が「一方的」ではないことは明白だと思います。だから、「一方的に批判ばかりするからわかってもらえない」わけではないのです。

もう少しこの言葉づかいの細部にこだわりたいのですが、そもそも「一方的な批判」ってなんでしょうか？　批判が一方から他方にするものなのは当たり前ではないでしょうか？　一方的でない「双（そう）方向的な」批判が必要なのだとして、それってどんなものでしょうか？　互（たが）いに批判し合うということですか？　教師のことを批判するなら生徒も批判されないと、ということだとしたら、それはおかしくないですか？　**批判の理由や根拠（こんきょ）が大事なわけですよね？**

疑問ばかりになってしまいました。私の考えは明白で、「一方的」が余計なのです。「一方的」という言葉には悪いイメージがあるので、これを付け加えることで交渉する生徒が不当に悪く言われている、と私は想像します。相手の言い分を無視しているのでもないかぎり、「一方的」という批判は成り立ちません。

相手にわかってもらう、んじゃないんです

次に考えたいのは、「批判ばかりするからわかってもらえない」という考えを認めると、議論の公正さが失われてしまうのでよくないという、より重要な点です。

批判するからわかってもらえない、という考えは、「わからないでいる気満々」な人や「わからないふりをする」人にとって有利に働きます。だって、わからせようとする側がどう表現するかで「わからない」でいてもよいかが決まってしまうとすれば、わからせようとする側のせいにしながら「わからない」と言い続ければよいことになってしまいます。

少し乱暴な言い方になりますが、「わからないのはわからないお前が悪い」と言えないのであれば、公正な議論は成り立ちません。ということは、議論は相手にわかってもらうためのものではないということです。ではいったいだれがわかればよいのでしょう？　私は、**「きちんとものを考えられる人」ならわかるように言えているかが、議論の焦点(しょうてん)だと考えています**。

とはいえ、「きちんと考えられる人」を、現実的に想定する必要はありません。もちろん実際には「わかる」とは、

私がわかったり、あなたがわかったり、だれかがわかったりすることです。でも、「きちんとわかる」人を想定して、その人ならどう考え、どうわかるかを常に探っていないと、それぞれの「わかったつもり」が積み重なるだけになります。**「わかる」は、自分の内側に「賢者」を住まわせて、その判断を参考にしながらすべきもの**、と言ってもよいでしょう。

大げさな話をすれば、「勉強する」とはそういうことでもあります。「わかる」ことと「わからない」ことの間の線引きを自分の都合で動かさないように、「きちんとものを考えられる人」とはどういう知識と能力を持った人かを知っておくことが大事なのです。もちろん、自分がきちんとものを考えられる人になれれば理想的ですが、私たちは自分の都合に合わせてものごとを判断してしまうので、「きちんとものを考えられる人だったらどう考えるか」と**心の内に「賢者」という他人を想定することに意味がある**と、私は思います。

ちゃんと「わかる」人間とはどういう人か、みたいなお話になってしまいました。「一方的に批判ばかりするからわかってもらえない」って変だよね、という話をしていたはずなので、そちらにもどります。

さて、そんなことを言われたらどう言い返せばよいでしょうか？　一番簡単なのは「で、あなたはどちらの言い分が正しいと思っているの？」です。内容から言い方に論点をずらされたので、内容に話をもどせばよいわけですね。「教師が修学旅行にふさわしいと思う場所を決める」と「教師が修学旅行にふさわしいと思ういくつかの場所から、生徒が行きたい場所をひとつ決める」という選択肢を提示して、どちらがよいかをたずねてもいいでしょう。

ちなみにこのやり方、どうやら話を聞く耳を持っていない教師に対しても使えます。先に挙げたふたつの提案のうちなら後者が理想だと教師も思うでしょうからね。

ただし、話し合いにかかる時間を確保できない、他のクラスとは異なる候補地を選ぶ必要があるなど、理想通りにはいかない制約があるかもしれません。それならそれで、教師はそう言ってくれればよいのです。理由があれば反論も改善策も提示できますし、ほかの選択肢がないと納得すれば、「仕方ない」と受け入れることもできます。

ぜひ、教師の内側の「賢者」にあの手この手で働きかけましょう。もし教師の内側にどうも「賢者」がいないと思えてきたら……ほかの教師に働きかけるなど、さっさと方針転換するのがよいと思います。

ぬけ出すための考え方

公正な議論は、わかってもらいたい側がすべての責任を負うのではなく、わかってくれない側に責任がある可能性を認めることによって成り立ちます。相手の内の「賢者」に働きかけよう。

もっと知りたい関連用語

【理性】

「きちんとものを考えられる」人間の能力を、理性と言いかえてもよいかもしれません。哲学者たちはそれぞれの方法でこの言葉を定義したり、その中身を議論したりしているので、本当は簡単にまとめることはできないのですが、哲学者でない私は「まともに考える能力」くらいの意味で使っています。

理性は、近代的（「近代」がいつのことを指すのかも学者によって見解が異なります……なやましい）な人間のもっとも重要な性質とされてきましたが、最近では、私たちは自分で思っているほど「きちんとものを考えられている」か、つまり理性には限界があるのではないか、とか、理性と感情を対立するものとして考えるのは正しいのか、など、この言葉をめぐってさまざまな議論がおこなわれています。

私の個人的な感じ方にすぎませんが、私たちが人間としてちゃんとやっていくために必要な、万能でもなくそこそこもろいけど、ないと本当に困る命綱、それが理性なのだと思います。

コラム３　大阪人なのにおもしろくない

大阪生まれの友人が憤慨しているところにい合わせたことがあります。ほんのちょっとした会話にもオチを求められて、特にオチがないと「大阪人なのにおもしろくない」と勝手に失望されると。たしかに勝手に失望されても困りますし、はっきり言って迷惑です。

やっかいなのは、大阪生まれの人の中にも「自分たち大阪人は話がおもしろいし、そうあるべきだ」と考えている人がいる場合です。そんな人にとっては、話がおもしろいことは「大阪人」たる自分の長所なので、それを語ることが自分以外のだれかに対するハードルを上げて苦しめているとは夢にも思わないでしょう。むしろ、自分は「大阪人」の価値を高めることに貢献していると考えているかもしれません。

ただし、「自分たち大阪人は話がおもしろい」と思っている大阪人は迷惑だ、と批判することには私は賛成しません。大阪人以外の人間からの「オチ」の要求に答えるうちに「おもしろくあろうとしないとダメだ！」と思うようになったのだとすれば、その人自身が大阪人に対する偏見の被害者でもあるからです。

大阪人には話のおもしろい人もそうでない人もいる、そして日常会話にオチはいらない。楽しいことは悪いことではありませんが、プレッシャーを感じてまで楽しさを生み出す必要はありません。日常会話くらい、もっと気楽にすればよいのです。

第4章

"決めつけ"が
カンチガイな言葉

4

シーン⑭

「やってみれば そのよさがわかるよ」

ずるい度 ★★☆

高校では部活動はやらないつもりなんだ

え、サッカー続けるって
言ってなかった？

ジュニアユースチームに
入ることを目指してる

でも、
部活動ってみんながやるものだし、
やってみればそのよさがわかるよ

▶「やってみればそのよさがわかる」こともある

だれかが目標に向かって積極的に行動するのを見て、なんだかすごいと思うと同時に、その人が遠くに行ってしまう気がしてさびしいという気持ちが芽生えることもありますよね。そんな気持ちゆえに素直に応援（おうえん）できなくなったこの生徒は、なんとなく自分の手の届く範囲（はんい）に相手を引きとめようと、サッカー好きの友達が部活動に参加するよう懐柔（かいじゅう）（うまく丸めこんで、自分の望みに相手をしたがわせること）しています。

もっとも、「みんながやるもの」という言い方で懐柔が成功することは、この場合はなさそうです。この誘（さそ）い文句は、自分のやりたいことがはっきりしていない人、なんとなく周囲と同じでいたい人には有効ですが、自分のやりたいことがはっきりとわかっている人にはどうでもよいものです。そもそも「みんな」というのも本当に「みんな」なわけはないでしょう。

では「やってみればそのよさがわかる」という誘い文句はどうでしょう？　友達に誘われてあまり乗り気ではないまま映画を観に行ったら意外とおもしろかったとか、実際にやってみてそのよさがわかった経験は私にもあります。たしかに、「やってみればそのよさがわかる」という言葉は、それなりに多くの場合において正しいのです。

▶優劣の判断がかくされている

でも、ここで立ち止まってほしいのです。「やってみればそのよさがわかる」が、なぜ誘い文句になるのでしょうか。こうも言いかえられます。本人がやりたいことはほかにあるにもかかわらず、「やってみればそのよさがわかる」ことを理由に、やってみるべきと言えそうな気がしてしまうのはなぜでしょうか。

当たり前のことをまず確認しておきましょう。やってみればわかるよさがあることをすすめること自体は、別に悪いことではありません。「このポテトチップス、おいしいから食べてみ？」とすすめることは別に悪いことではないですよね。だから、部活動に入るようすすめること自体は別にかまわないのです。**問題は、本人がやりたいことがあるとはっきり言っているのにそれとは別のことをさせようとしてしまう**ことです。

そもそも、「やってみればそのよさがわかる」ことの中には、部活動と同じようにジュニアユースチームでサッカーをすることも当然ふくまれるでしょう。「ジュニアユースチームに入ってサッカーをしてみればそのよさがわかる」

のだとすれば、ジュニアユースチームに入ってもよいに決まっています。

裏を返せば、多くの選択肢(せんたくし)に当てはまる「やってみればそのよさがわかる」という事実がジュニアユースチームではなく部活動でサッカーをすることへの誘い文句になるのは、誘う側がジュニアユースチームより部活動に肩(かた)入れしているからでしょう。優秀(ゆうしゅう)な選手が集まるジュニアユースチームに対するやっかみか、部活動を馬鹿にされた気がして反発したくなったのか、いずれにしても、部活動がジュニアユースチームより望ましいと判断した上で、この判断をそれとなく押(お)しつけるために、「やってみればよさがわかる」という表向きはどちらにも肩入れをしない言い方を利用しているのです。

でも、部活動への肩入れというかくされた前提にもとづいたそれとなくの誘導(ゆうどう)に気づいてしまうと、やはり私たちはいやな気分になるのではないでしょうか。部活動によさがあるのならそれを示して説得すればいいのに、それとなく自分の思い通りの方向へ誘導するなんてずるい、と。

さらに重要なのは、このような**それとなくの誘導は、残念ながら「多くの人がやっていることのほうが優れている」という前提にもとづくことが多い**という点です。大人向けの例になりますが、「酒を飲むとそのよさがわかる」「結婚するとそのよさがわかる」……多くの人にとってはそうかもしれないけれど、私には大きなお世話だよ、ということばかりが「やってみればそのよさがわかる」という誘い文句で言われるのです。「やってみればそのよさがわかる」という表現が「みんなもやっている」ことに関して使われることが多いのは偶然(ぐうぜん)ではありません。**私たちのひとつひとつの選択肢は、「よさ」という否定できない事実を通じて、知らないうちに「みんな」というレールに乗せられてしまうのです。**

私たちのやりたいことはさまざまで、それぞれの「よさ」にわざわざ優劣をつける必要はありません。だから、「やってみればそのよさがわかる」という言い方で選んだ道を否定されそうになったら、優劣の判断に巻きこまれることから逃(に)げるべきです。「部活動が楽しくないとか、意味がないと思っているわけではない」とやんわり伝えてもよいですし、「どちらもやってみると楽しいと思うけれど、自分はジュニアユースチームのほうに魅力(みりょく)を感じる」と伝えてもよいはずです。**善意を感じ取ったならその善意だけをありがたく受け取り、やっかみや嫉妬(しっと)を感じ取ったなら受け流しましょう**。そして、自分のやりたいこともまた「やってみればそのよさがわかる」ことだと考えて、それをやってみればよいのです。

ぬけ出すための考え方

「やってみればそのよさがわかる」という言葉が、選択肢の間に優劣の差をつけていないか、注意が必要です。また、「みんながやること」なら自分もしなければと思う必要はありません。

もっと知りたい関連用語

【存在と当為】

哲学の用語で、存在は「○○である」と表現されることを、当為は「○○すべき」と表現されることを指します。存在と当為を混同してしまう、つまり「○○である」を「○○すべき」と読みかえてしまうことは、哲学の世界では基本的かつ重大な誤りだ、と考えられてきました。たとえば「この世の中には殺人が存在する」を「この世の中には殺人が存在すべき」と読みかえると大変なことになります。もちろん、「この世の中には殺人が存在するが、この世の中には殺人が存在すべきでない」と言えるはずで、実現は残念ながら難しいとしても、そう理想をかかげて努力することには意味があるのです。

シーン⑭の例に当てはめて考えると、「みんなが部活動をやっている」を「みんなが部活動をやるべき」に読みかえてはいけない、ということになります。

シーン⑮

「そのうち気が変わるんじゃない？」

ずるい度 ★★☆

大学では数学か物理を学びたいなあ

女子なのに珍(めずら)しいね。
受験するのは来年だから
まだ決めなくてもいいんじゃない？

もちろんそうだけど、
目標があったほうが
勉強のモチベーションにもなるし

でも、
理系は女子が少ないっていうから、
そのうち気が変わるんじゃない？

▶「余計なお世話」よりたちが悪い

「それとなく他人の勉強したいことを変えさせようとしているのがいやな感じ」と思った人、私も同感です。「いやいや、多くの人と同じことをやったほうがいいに決まっているんだから、これは善意からのアドバイスでしょう」と思った人、それは余計なお世話というものです。いや、**「余計なお世話」にすらなっていないからさらにたちが悪い**、と私は考えています。

シーン⑭で、「多くの人がやっていることのほうが優れている」というかくされた判断が別の言葉によって示されることがある、と解説しました。「まだ決めなくてもいいんじゃない？」「そのうち気が変わるんじゃない？」といった言葉にも、似たような判断がかくれている可能性は高いでしょう。女性はわざわざ理系の学問を選ぶべきではない、という気持ち(私は大きらいな考え方です)がこれらのせりふにかくされている可能性は十分にあります。

そもそも、「余計なお世話」は「余計」とはいえ「お世話」なのですから、「余計なお世話」をする人は、一方的だったり高圧的だったりするにせよ、「あなたは大学で数学や物理を専門的に学ぶべきではない」と言うはずなのです。ところがシーン⑮では、そういった積極的な働きかけはせず、「まだ決めなくてもいい」とか「そのうち気が変わるんじゃない？」とか、間接的に相手を自分の思う正解に誘導しようとしています。他人の人生に口を出しておいて責任逃れをする気なのだとしたらずるいですし、「余計なお世話」よりもたちが悪い、と私は思います。

言うまでもないことですが、「男性ばかりの学習環境なので女性は学ぶのに苦労する」「女性は数学や物理に向いていないと言われ、いやな気分になることが多い」「数学や物理を学んだ女性は就職に困る」といったことがらは、女性が数学や物理を学びやすくするために解決されるべき課題ではあっても、女性を数学や物理から遠ざける正当な理由にはなりません。

人は変わる、けれども

だからそんな人の言うことには聞く耳を持たなくていいよ、というのがさしあたっての私の考えなのですが、さらに考えてみたいのは「そのうち気が変わるんじゃない？」という言葉についてです。「そのうち気が変わる」ことは、悪いことなのでしょうか？　「そのうち気が変わること」はたしかにあるのではないでしょうか？

当然ありますし、多くの場合それは悪いことではありません。ハンバーグを食べようと思ってファミレスに入って、気が変わってカレーを食べても別にかまわないのです。他人との約束については「気が変わった」では許されない場合もありますが、ファミレスでなにを食べるかも、大学でなにを学ぶかも、実際にはじめるまでに希望が次々と変化するのはよくあることです（はじめてから変わることだってあります）。人は変わるし、変わってよいのです。

では、「理系は女子が少ない」から「そのうち気が変わる」のも、特に問題のないことと言ってよいでしょうか？さまざまな理由で女性が理系の学問を選びづらい環境があり、その結果実際に理系の学問を学ぶ女性が少ないのですから、それが理由で「気が変わる」としたら、それはそのまま女性が理系の学問を選びづらいことの結果です。だとすると、これは単なる「本人の心変わり」の問題ではないのです。

このような状況（じょうきょう）の中で数学や物理を学びたい女子生徒は、自分の希望する選択肢を守るために、「私の気は変わりません」と主張し続ける必要に迫（せま）られることになります。「変われ」という周囲の声が強ければ、「変わらない」と主張せざるをえなくなるのです。

そう考えると、「そのうち気が変わるんじゃない？」という言葉の持つさらに深刻な問題がわかってきます。つまり、気が変わることはよくあることでも、気が変わるという方向へと強く押し流されそうになることに耐えざるをえない人に向かってそれを言うのは、**その人を強い流れから守るのではなくより強い流れの中に置く結果になってしまう**のです。自分自身の希望を守ろうとしている人がその希望を守りづらくなるとしたら、意図はどうであれその人に対してよくない働きかけをしていると言わざるをえません。

くり返しになりますが、気が変わるのは多くの場合悪いことではありません。けれども、気が変わることに耐えざるをえない人に「そのうち気が変わるんじゃない？」と伝えることは、単なる予想の表明とはちがって、**相手の選択を否定することになりかねません**。「そのうち気が変わるんじゃない？」と言いたくなったら、相手の選択をそれとなく否定しようとしていないか、まず自問すべきでしょう。

ではこの言葉を言われてしまったらどうすべきでしょうか。たしかに気が変わるかもしれず、変わってもよいな、と思うのであればそのままアドバイスとして頭の片隅に入れておき、変わらされたくないと思うのであれば、そのまま受け流すか、「気が変わることはなさそうだし、変えたくない」とやんわり相手にくぎを刺すのも効果的です。**いずれの場合も、気が変わるのも変わらないのも私の自由**、と思っておくことが大事だと、私は考えます。

ぬけ出すための考え方

気が変わることに耐えざるをえない人こそ、「そのうち気が変わるんじゃない？」と言われることが多いのです。「変わらされたくない」と思う気持ちを大事にして、相手の言葉は受け流そう。

もっと知りたい関連用語

【アイデンティティ・ポリティクス（identity politics）】

差別されている人が、差別の理由とされてしまっているなんらかの特徴を「自分にとって重要でかつ変わらない・変えられないもの」ととらえて、そのことを社会に向かって表明しながら世の中をよくしようとしていく政治のあり方を、アイデンティティ・ポリティクスと呼びます。アイデンティティはここでは「その人をその人たらしめる重要な要素」という意味なので、差別の理由とされてしまっている特徴こそ、私を私たらしめる大事なものなのだ、と主張して世の中の差別を解消していこうとするわけです。これまで、人種や民族、性のあり方、障害者であることなどが「その人をその人たらしめる重要な要素」として主張されてきました。

本文中の言葉を使って言いかえれば、「変わることに耐えざるをえない」人たちが、「変わらされたくない」と自分たちのあり方を守ってきた取り組みこそが、アイデンティティ・ポリティクスなのです。

シーン⑯

「傷ついたのもよい経験だったんじゃない？」

ずるい度 ★★☆

私、ものすごく内気だったから、
中学のときにいじめられてたんだよね

でもいまはものすごく明るい性格だよね

そうかな？ たしかにもう昔みたいに
いじめられるのはこりごりだけどね

よかった、じゃあ傷ついたのも
よい経験だったんじゃない？

「よい経験」の場合もあるけれど

いじめられることのどこが「よい経験」なのか、いやな経験に決まっているだろう、と思いますか？　私もそう思います。少なくとも私にとっては、いじめられるなんていやな経験以外のなにものでもありません。では、この「傷ついたのもよい経験だったんじゃない？」と話す人は、とんでもなくおかしなことを言っているのでしょうか？　そうとは言い切れないけれども、だからといってこういうことを他人に向かって言うのは無神経だ、という話をこれからしていきます。

いじめられる経験が「よい経験」になる場合がないわけではない、という話からはじめましょう。どうしようもなくひどかったり、つらかったりする経験を乗りこえ、それを糧（かて）として幸せになる人がいないわけではありません。

重要な国際大会での失敗を乗りこえて花開くアスリート、自身の重病や大けがを通じて命の大切さにあらためて気づく医師や看護師……テレビ番組やインターネットにはこのような「感動の実話」があふれています。ありふれたつまらないエピソードと思う人もいるかもしれませんが、それらの人々がいやな経験を糧にして幸せになり、過去をふり返ってそれを「よい経験」と考えているのであれば、それを否定すべきではないと私は考えます。

しかし、だからといって実際に傷ついた経験を持つ人に向かって「よい経験だったんじゃない？」と言ってよいかはまた別の問題です。さきほど書いたように、つらい経験を糧として幸せになった人たちは「感動の実話」の主人公に仕立てあげられ、他人に都合よく受け入れられることが少なくありません。目の前にいる人が通ってきたつらい経験を「よい経験」とみなしてしまうことは、その人やその経験を「感動の実話」と同じ枠に入れて都合よく扱うことにほかなりません。勝手に「美談」にしないでくれ、と思われて当然ではないでしょうか。

経験の意味は当人が決める

そうです、問題なのは、ある人の経験の意味を、実際に経験したのではない人が決めてしまうことなのです。とりわけ、**当人にとってつらかったであろう経験の意味を本人に代わって決めてしまうことは問題**だと私は考えています。

でも、「よい経験だったんじゃない？」と疑問を投げかけているのだから、決めつけているわけではない、と言いたい人もいるかもしれません。しかし、この会話においては、**決めつけていないように見える疑問が、すでにある前提に**

もとづいていることがわかります。

内気でいじめられていたけれども、いまは明るい性格でいじめられてもいない。この変化に「いじめられたことがよい経験となった」可能性を見出す人は、内気であるという欠点がいじめの原因だという前提で、いじめがきっかけで欠点を克服（こくふく）できた可能性を考えています。

でも、そもそも内気だったらいじめてよいわけでもありませんし、現在明るい性格であることがいじめられていないことの原因だとも言えません。にもかかわらず「よい経験になったんじゃない？」などと言うのは、内気だったらいじめられても仕方ない、いじめられていたときのあなたには欠点があった、という判断の表明になってしまっているのです。本人が言うのならまだしも、「いじめっ子」の言い訳を認めるようなことを他人が言ってよいわけはありません。**「よい経験」扱いの「美談」は、他人に過去の欠点を見出し、悪気がなくてもその人を再び傷つける可能性を持っています。**

当たり前のことですが、傷ついた経験が本人にとってどのような意味を持つかは、本人だけが決めてよいことです。他人が都合のよいところだけをピックアップして「美談」に仕立てあげ、その経験が「よい」ものであったかどうかを決める権限を本人からそれとなく取り上げるのは、不誠実なことだと私は思います。

▶「美談」にすると、無関係でいられる

勝手に「美談」にすることには、また別の効果があります。他人の「美談」は、「美談」に仕立てた人にとって、むしろ関係のないこととされがちなのです。「美談」は「いまは幸せ」であることを前提としているので、いやな経験は昔のこととして、いまとは関係のないものとして遠ざけられてしまいます。過去のいやな経験を「よい経験」とみなしてしまうことは、「それはもう終わったこと」と勝手に片付けてしまう可能性をふくんでいるのです。

いじめられていたという経験は重いもので、受け止めるのが大変だ、という気持ちはわかります。ですので、なんとなくいまの自分とは関係のないこととしておきたいこともあるかもしれません。

でも、そもそも「あなたにいじめられた」と言われたわけではないはずです。「当時は大変だったね」「いまは楽しいと聞いて安心した」と伝え、過去の経験のどれを取り上げてどうつなぎ、どう意味づけるのかは、いじめられていた本人が決めることとわきまえたほうが、風通しのよい人間関係を維持(いじ)できると、私は思います。

ぬけ出すための考え方

過去の経験をどう意味づけするかは、その経験をした人が決めるものです。受け止めるのにエネルギーが必要な経験を打ち明けられても、こちらの都合で「よい経験」や「美談」にしてはいけません。

もっと知りたい関連用語

【いじめ】

なんらかの意味で弱い立場に置かれた人を、肉体的・精神的な暴力によって苦しめることを指します。この定義ではどんな集団や環境においてかの限定はされていませんし、実際に職場でのいじめの例もありますが、もっとも多くいじめが起こる環境はもちろん学校です。そもそも、1980年代に沈静(ちんせい)化した校内暴力（教師への暴行や、物をこわすなど）に代わって、学校内での生徒間の暴力がクローズアップされたときに、それを指すものとして「いじめ」という言葉が使われるようになりました。

近年は、教育委員会（各地域の教育に関する事務をとりおこなうことを目的として、地方公共団体がそれぞれに設置する組織のこと）にいじめを報告するとペナルティを課されるという制度が、教師がいじめを見過ごすことを助長するのではないか、とか、教室をはなれてSNS上でいじめがおこなわれるのではないかなど、多くの新しい論点が指摘(してき)されるようになっています。

コラム４　オカマの方

だれかを傷つけないように気を使っているのだろうなあと思うものの、「オカマの方」という言葉づかいはかなり奇妙に聞こえます。たしかに、「の方」という表現は丁寧さを示すものでもありますが、同時に対象を遠ざけるふくみも持っています。なぜなら、この言葉は基本的に自分とは関係のない人に対して、自分と関係ないからこそ丁寧に接する必要があると考えて使われるからです（たとえば、「保護者の方」という表現は他人には使えても自分の保護者には使えませんよね）。つまり、「オカマの方」という言葉は、丁寧さだけではなく話し手の心理的距離の遠さをも伝えてしまうのです。

心理的距離の遠さを補強してしまうのが「オカマ」という言葉です。男性同性愛者やトランスジェンダー女性を侮蔑するために長くこの言葉が使われてきたことを知っていれば、「の方」という丁寧な表現を付けたとしてもこの言葉を使おうとは思わないはずですし、「オカマの方」という、けなしているのか丁寧に扱っているのかわからないちぐはぐな組み合わせはしないでしょう。性の多様性についてあまりよく知らないんだなあ、という印象を周囲に与える言葉づかいであることはまちがいありません。

もちろん、「オカマの方」という表現を使う人が悪い、と言いたいわけではありません。ただ、その気づかいのうちの何割かでよいので、「オカマの方」という言葉で指し示したい人たちについて正確に知ることに労力をふり分けてほしいな、とは思います。丁寧さは、私たちの距離を遠ざけるためでなく、近づけるためのものであるはずですから。

第5章

"思いこみ"がカンチガイな言葉

5

シーン⑰

「自分で言うのはよくて、人に言われるのはダメって変でしょ」

ずるい度 ★★★

体育祭って5月じゃなくて
10月にやるのが普通(ふつう)なんだね。
転校生だから知らなかった

出ました、転校生アピール

その言い方はなんかムカつく

いま自分で『転校生だから』って
言ったじゃん。自分で言うのはよくて、
人に言われるのはダメって変でしょ

他人には言われたくないこと、当然あります

「自分で言うのはよくて、人に言われるのはダメ」は、別に変ではありません。むしろよくあることです。わかりやすいほうから順番に、３つの場合に分けて考えることができます。

まず、だれでもあてはまる可能性のある悪口から考えてみましょう。「バカ」とか「アホ」とか、そういった表現です。だれかが自分のことを「バカ」と言ったからといって、その瞬間(しゅんかん)に他の人もその人に向かって「バカ」と言ってよいことになった、と考える人はほぼいないでしょう。当たり前のことですが、自分のことを悪く言うことと、他人に対して悪口を言うことは同じではありません。前者は本人の自由ですが、後者は他人を傷つける可能性のある行為(こうい)で、原則としてよくない行為と考えるべきです。

もちろん、そうは言っても私たちは他人に対して「バカ」や「アホ」と言うことがあります。本当にひどいことをした人に対して、強い非難の気持ちをこめて「バカ」や「アホ」と言うことに意味がある場合もあります。ただし、その場合でも、「自分のことをそう言っていたから他人もそう言ってよくなった」わけではありません。非難はあくまで、それを言う側の責任においてなされるべきで、「相手が自分

のことをそう言っているから」はただの責任逃れです。くり返しますが、**自分のことを悪く言うことと、他人に対して悪口を言うことは同じではない**のです。

続いて、ある特徴を持った人たちについて、否定的な意味をこめて使われてきた言葉があります（p.41にある通り、これらの言葉を【差別語・侮蔑語】と呼びます）。女性、セクシュアルマイノリティ、障害者、外国人などがそれぞれに差別語・侮蔑語を投げつけられて傷ついてきた歴史がありますし、いまでも傷つく人はもちろんたくさんいます。ですので、これらの否定的な言葉は、基本的に使うべきではありません。

でも、そのような言葉であっても、実際に女性、セクシュアルマイノリティ、障害者、外国人などが、自らを指すものとして積極的に使用している、という事実もまた存在します。当たり前ですが、女性であれセクシュアルマイノリティであれ障害者であれ外国人であれ、いつでも世の中に傷つけられる「被害者」としてまつりあげられることは居心地が悪いものですし、(だれもがそれぞれにダメなところ、よくないところを持っていますので)「私、そんなにたいした人間じゃないんで」と言いたいときもあります。そのとき、侮蔑的な言葉は、むしろ自分を軽く卑下するものとして便利だったりするわけです。

でも、これもまた、あくまで自分のことを指して使っているだけであり、だからといって他人もその人に対して同じ言葉を使ってよいわけではありません（実際には、差別語・侮蔑語によって自分「だけ」を指すことはできないので、同じ語が当てはまる他の人を傷つけてしまうこともあります。これはやっかいな問題です）。

▶ 人に言われたくない、と思う意味が付け加えられている

最後が、ある特徴を持った人を指す言葉で、それ自体には否定的な意味合いがなかったにもかかわらず、会話の中で否定的な意味合いを付け加えられてしまった言葉です。シーン⑰の「転校生」がまさにその例ですね。

こういった言葉は、ふだんはそもそも自分のことも他人のことも指していて、かつそれで特に問題が起きないものなので、その分やっかいです。一般（いっぱん）的な悪口や、差別語・侮蔑語のような言葉なら、「自分で言うのはよくて、人に言われるのはダメ」なのはわかりやすいのですが、いつもは「自分で言っても他人に言ってもよい」のになぜこの場合はダメと言われるかがなかなか理解してもらえないからです。

でも、そもそもの問題は、他人に「転校生」と言ってはいけないと納得させることではありません。**自分で使っても他人を指してもよいはずの「転校生」という言葉に、「他人には使ってはいけない」否定的な意味合いを付け加えることが問題**なのです。付け加えるなら他人には使わない、他人を指して使いたいなら否定的な意味合いを付け加えない、のどちらかであれば、「ムカつく」という感情を相手に持たれずにすむでしょう。「人に言われたくない、と思ってしまうような意味を勝手に付け加えたあなたが悪い」というメッセージを、なんとか伝えられるとよいと思います。

ただし、「転校生」に否定的な意味合いを持たせたまま、「他人には使わない」というルールが徹底(てってい)されるようになると、私たちが気がねなく使える言葉がその分減る、という結果を生みます。「転校生」が差別語・侮蔑語になってしまう、と言いかえてもよいでしょう。一度そうなってしまったら、その言葉で傷つく人を守るために別の言葉に置きかえるべきだと私は思いますが、他方で、そうならないように、つまり私たち**みんなが気がねなく使える言葉を守るために、だれかを指す言葉が否定的な意味合いを帯びないように気をつけて使い続けることも重要**だと、私は思います。

ぬけ出すための考え方

「自分で言うのはよくて、人に言われるのはダメ」な言葉はたくさんあります。人に使ってはいけない言葉は使わないのと同時に、そのような言葉を増やさないよう、私たちは努力する必要があります。

もっと知りたい関連用語

【クィア（queer）】

ある特徴を持つ人たちに対する差別語・侮蔑語を、同じ特徴を持った人たちがわざと使う、ということがあります。ここではその例として「クィア」という単語を取り上げます。もともとは男性同性愛者やトランスジェンダー女性（出生時に男性と判断されたが、その後女性として生きている人）に対するきわめて強い差別語・侮蔑語でしたが、あえてその言葉を使って自らを名指すことで、自身に結びつけられたその否定的なイメージをくつがえそうとしたのです。

現在では、(1) 同性愛者や両性愛者、トランスジェンダーといった性のあり方にふくまれない多様な性のあり方、(2) 時間とともに変化する性のあり方、(3) 自身の性のあり方を決めつけないという態度、などを指して「クィア」という言葉を使うこともあります。

シーン⑱

「自分がされていやなことを人にしなければいいんでしょ？」

ずるい度 ★★★

恋愛の話って苦手だなあ

そういう言い訳はいいからさ、
結局だれが好きなの？

だから、そういう話は苦手だって

自分がされていやなことを
人にしなければいいんでしょ？
ってことは聞いても問題ないね

自分がされていやではなくても、人にしてはいけない場合がある

「自分がされていやなことを人にしてはいけない」という言葉を悪用して、自分はされてもいやではないから他人にもしてよいのだ、とばかりに他人のいやがることをする人がいます。**そういう迷惑（めいわく）な人たちは、たいていの場合相手がいやがっているとわかった上で開き直るのでやっかいです。**

もちろん、ある人にとっていやなことと別の人にとっていやなことは異なって当然です。では、私たちは「自分がされていやなことを人にしてはいけない」というルールがそもそもまちがっていたのだと考えを改めるべきなのでしょうか？

そうだ、と結論づける前に、少し立ち止まって論理的に考えてほしいのです。「自分がされていやなことをしてはいけない」「自分はいやではない」というふたつの条件からは、「自分がされていやではないので人に（相手がいやがっていることを）してもよい」という好ましくない結論が導かれてしまう……いいえ、この結論のまちがいを説明するために、最初の条件がまちがっていたと考える必要はありません。なぜなら**ふたつの条件からこの結論はそもそも導かれ**

ないからです。

「自分がされていやなことを人にしてはいけない」は、自分がされていやなことについてしか論じていないのであって、自分がされていやでないことについてはふれていません。「自分がされていやなことを人にしてはいけない、だからといって自分がされていやでないことなら人にしてよいわけではない」という主張に矛盾(むじゅん)はありません。「自分がされていやなことを人にしてはいけない」「自分がされていやではない」のどちらも正しいと認めたとしても、だからといって「自分がされていやではないので人に（相手がいやがっていることを）してもよい」という結論は導かれないのです。

してはいけないと、本当はもうわかっている

「自分と他人はちがうのだから、自分がされていやなことを人にしてはいけないなどと考えるのはまちがいだ」と簡単に結論づけないでほしい、と私は考えています。それにはふたつの理由があります。

まず、「私とあなたはちがう」という点を強調すると、「たしかに私とあなたはちがうので、私は自分がされていやなことをされたくないが、あなたがなにをされたらいやかは

私には関係ないし、どうでもよい」とさらに開き直られてしまう可能性があるからです。もともと、**「自分がされていやなことを人にしてはいけない」という言葉は、苦痛や不快を避(さ)けたい、という私たちの感情を手がかりに、他人に対する道徳や良心を引き出すことを意図している**ことが多いです。とすると、この言葉をまちがっていると言ってしまうことは、他人に対する道徳や良心そのものが必要ない、というさらにやっかいで望ましくない結論を導きかねません。

次に、「自分がされるといやだが、相手はされてもいやではないこと」をすることに関する私たちの心の歯止めが外れてしまう、ということがあるからです。

ここは大事なところなので、少し丁寧(ていねい)に説明させてください。私自身は「ある人がいやがることをその人にしない」とだけ言えばよく、「自分がされていやなこと」に限定して「人にしてはいけない」と考える必要はないと実は思っています。そしてこの考えにもとづけば、「自分がされるといやだが、相手はされてもいやではないこと」は相手にしてもよい、ということになります。

でも、**「自分がされるといや」だと思っていることを相手が「いやではない」と言っているからといって、それが本心だとすぐに信じてよいのでしょうか**。もしかしたら、私が、あるいは周囲の人が「いやではない」と言わざるをえない状況に相手を追いこんでいるのかもしれません。だとすれば、「自分がされていやなことはきっと相手も本当はされたらいやなのかも」と思って、ひとまずはわざわざそれをしない、でよいのではないでしょうか。たとえば、「だれが好きかなんて他人に聞かれたくないなあ」とあなたが思うなら、「だれが好きかを他人に聞かれても平気」と口にする人にわざわざ好きな人を聞かなくてもよいはずです。どうも本当に平気そうだと確信できてから実際に聞いてみるのでもおそくはありませんし、本当に平気なら、そもそも聞かなくてもそのうち相手が自分から言ってくれる場合も多いのではないでしょうか。

シーン⑱の状況にもどりましょう。「自分がされていやなことを人にしてはいけない」という考え方を悪用する、つまり、相手がいやがっていることをわかった上でその言葉をわざわざ持ち出す人は、本当は「ある人がいやがることをその人にしない」のが正しいともうわかっているはずです。ならば、その発言をした人が持っている良心にそれとなく訴えましょう。「相手がいやがっているかはどうでもよいと思っているわけではないよね？」と軽く念を押すだけで十分です。自分が悪いと思われたくない人であれば、すぐに引き下がるはずです。

ぬけ出すための考え方

「自分がされていやなことを人にしてはいけない」を悪用する人は、そもそも人がいやがることをしてはいけないと知っています。「悪い人だと思われたくない」という気持ちを利用して、失礼な質問を封(ふう)じよう。

もっと知りたい関連用語

【三段論法】

ふたつの前提（大前提、小前提）から結論を導く論証の形式のことを指します。いろいろなパターンがありますが、ここでは「AならばB（大前提）」「CはAである（小前提）」から「CはBである（結論）」を論証するパターンを考えてみましょう。例として、Aを「刃物(はもの)」、Bを「ものを切ることができる」、Cを「ハサミ」にしてみましょう。「刃物（A）ならばものを切ることができる（B）」が正しく、「ハサミ（C）は刃物（A）である」が正しいなら、「ハサミ（C）はものを切ることができる（B）」ももちろん正しいですね。Aを「自分がされていやなこと」、Bを「人にしてはいけない」、Cを「恋愛の話の強制」にすれば、本文中の話題に関する三段論法ができあがりです。つまり、「自分がされていやなことならば人にしてはいけない」が正しく、「恋愛の話の強制は自分がされていやなことである」が正しいのならば、「恋愛の話の強制は人にしてはいけない」という結論もまた正しい、ということになります。

シーン⑲

「いちいち取り合っていたらそいつと同じレベルになっちゃうよ」

ずるい度 ★★☆

体育祭の選手宣誓、緊張するなあ。
いまからもう手あせがひどい

相変わらず山本に
手あせのこと、からかわれたりする?

あんまり言ってくるからそのたびに
「いい加減やめろ」って言い返してる

まあでも、いちいち取り合っていたら
そいつと同じレベルになっちゃうよ

同じレベルになんかならない

くだらないちょっかいやからかいに「いい加減やめろ」と言い返したら、相手と同じ低いレベルに必ず自分も落ちてしまうのでしょうか。そんなことはありません。**からかいに対する抗議（こうぎ）は、当たり前ですがからかいではありません、抗議です。からかいと同じではありません**。単純なことです。

ではもう少し難しそうな状況を考えてみましょう。だれかがあなたに「バカ」と言ってきました。あなたは「バカって言うほうがバカ」と言い返しました（よく聞くせりふですね）。するとその相手が「『バカって言うほうがバカ』って言ったお前も『バカ』って言っているからやっぱりバカ」と言ってきました。この場合は、あなたもやっぱり「バカ」ということになってしまうのでしょうか。

ならない、というのが私の考えです。「バカ」は他人を否定的に評価する言葉ですから、この言葉を使うことが正しいかどうかは、否定的に評価するきちんとした理由があるかによります。ですから、「バカって言うほうがバカ」は、「バカって言う」行為が「バカ」だと否定的に評価する理由だ、と説明しているので、少なくとも単にだれかがあなたに言った「バカ」という言葉よりも正当な「バカ」の使い方であるはずです（もちろん、先にあなたが相手を別の表現で悪く言ったのであれば、「バカ」と先に言ったのが相手だとしても、その使い方は正当です）。もちろん思ったり考えたりすることをこえて他人に「バカ」という言葉を使ってよいかは議論すべきですが、**どんな場合でも「バカ」という言葉を使ったら等しくバカ、などということはありえない**、とは言えるでしょう。

▶ いちいち取り合う人を、いちいち支えればよい

「バカ」という言葉を何度も使っていたらなんだかぐったりしてきたので、シーン⑲の会話に話をもどしましょう。もうひとつ考えてみたいのは、「いちいち取り合う」のは別にいけないことではないのではないか、という点です。

たしかに、ちょっかいを出したい、かまってほしい、という人に対しては、取り合わない、つまりかまってあげないというのは効果的かもしれません。でも、ただでさえちょっかいを出されて傷ついているのに、それを我慢(がまん)したほうがより傷つかずにすむから我慢するべきだ、という主張には、なんだか納得がいきません。**「これ以上傷つかずにすむようにいまこの傷に耐(た)える」って、それ自体全然正しくない**ですよね。ましてや、周囲の人間がそれをすすめる

なんて、「我慢しろ」と言っているにすぎません。ひどい話です。

しかも、黙っていると相手がさらに調子に乗ってしまう可能性すらあります。そもそも、ちょっかいを出したい、かまってほしい、という気持ちから相手を傷つける人間が、きちんとまともにものを考えてくれている可能性は低いです。我慢しようが言い返そうが、そのこと自体を自分に都合よく解釈して、よりいっそうちょっかいがエスカレートしてもおかしくありません。

だれかの不用意な行為があなたの友人や知人を傷つけている。そして、その行為をやめさせるために、我慢して無視することと言い返すことのどちらが効果的かはわからない。その友人や知人は言い返すことを選んでいる。このとき、あなたがすべきことはなんでしょうか。まずは会話の相手である友人・知人に寄りそう、ちょっかいを出してくる相手に対してあなた自身が抗議する……どちらにせよ答えの方向はひとつです。

まず、友人・知人に「あなたは悪くない」「あなたが責任を感じる必要はない」と言ってあげることができます。現にからかわれている友人・知人は悪くないのですから、「言い返したくなるのももっともだ」と言ってあげればよいのです。

友人・知人をもっと積極的に助けることもできます。おそらく、ちょっかいを出す側は、言われた当人がいやがり、傷ついていることはわかっているはずです。つまり、自分が悪いことをしている自覚はあるわけです。それでもその行為をやめないのは、やめろと言われてもそれを考慮（こうりょ）する必要がないと高をくくっているからでしょう。であるならば、その思いこみをくつがえしてやるために、友人・知人の側に立って、一緒に言い返してあげればよいのです。

そう、いずれにせよ、ちょっかいに言い返している友人・知人に対しては、「そのやり方で問題ない」と伝えて、自分自身も必要に応じてともに抗議すればよいのです。「いちいち取り合っていたらそいつと同じレベルになっちゃうよ」などというにせもののアドバイスで、**傷つく人をほったらかしにして、それでいて自分がなにかしら正しいことを言った気になっても仕方ありません。困っている友人は、あなたがしれっと「私は正しい」アピールをするために利用されてよいはずがない**のですから。

ぬけ出すための考え方

からかいに対して抗議することは、からかうことと同じ悪いおこないにはなりません。「いちいち取り合う」ことは当然だと理解し、抗議する人を「いちいち支える」ことが必要です。

もっと知りたい関連用語

【からかい】

私たちは、自分に向けられた否定的な発言に対して抗議や反論をすることがあります。でも、比較的軽い否定的な発言と考えられる「からかい」に対してこそむしろ抗議や反論はしにくいものです。

社会学者の江原由美子さんは、この理由をふたつの側面で説明しています。ひとつは、ふざけてしている発言なのだから正面切って議論するものではない、と発言者は議論から逃げてしまえるからです。「冗談だよ、本気にするな」と言えば抗議や反論を封じることができるわけです。もうひとつは、まじめには発言できないけど、なんとなく「みんなが思っていること」「当たり前のこと」を代表してふざけて言っている、というかたちを取ることで、発言者が自身の発言に責任を持たなくてもよくなってしまうからです。どちらにしても、抗議や反論を受け流せるようになっているわけです。

ちなみに、江原さんは、具体的には男性の女性に対するからかいを取り上げて分析しながら、発言のひどさと反論のできなさのふたつの点で女性は苦しめられている、ということを明らかにしました。

シーン⑳

「ひどいとは思うけど、そこまで傷つくことかな？」

ずるい度 ★★☆

今朝電車の中で
痴漢(ちかん)されそうになったから、
降りるふりして隣(となり)の車両に移ったんだよね

実際にさわられたりしなくてよかったね

うん。なんで学校に来るために
こんな目にあわなきゃいけないんだろう

でも痴漢されたわけじゃないし、
ひどいとは思うけど、
そこまで傷つくことかな？

傷ついていると認めてもらえなくて傷つく

人を傷つけることは悪いことである、という感覚は多くの人が持っていると思います。ところが、このことがいつもきちんと認識されているかというと、残念なことにそうではありません。なぜなら、「傷つく」という経験にまともに取り合わなくてよい、とされてしまう場合があるからです。

そのひとつの例が痴漢です。痴漢されるということは、勝手に自分の身体を性的な欲望の対象としてみなされ、自分の意志に反してその欲望を満たすために利用されることですから、そのことに傷つくのは当然です。ところが、自分の意志に反して自分の身体を扱(あつか)われてしまうことのひどさは、残念ながらこれまでとても軽視されてきました。「さわられたくらいで減るものでもあるまいし」といった自分勝手な正当化によって、痴漢はたいしたことではない、そんなことでいちいち傷つくな、というとんでもない考え方がまかり通ってしまっていたのです。

痴漢に関して、もうひとつ大事なポイントがあります。痴漢は多くの場合男性から女性に対しておこなわれますが、その背景には「女性の身体は男性が自由に扱ってよいもの」という考えが存在しています。痴漢が軽視されることは、多くの場合において女性の意志や自由が認められていない、つまり女性が弱い立場にもともと置かれていることと結びついているのです。

たしかに、もともと**弱い立場に置かれている人が傷ついたとして、その経験が軽視されがち**だ、ということはないでしょうか。転校生だったら方言やアクセントをからかわれても仕方がない、目が見えない人間はぶつかられても仕方がない、車いすなら乗車拒否(きょひ)されても仕方がない……本当に残念なことに、思い当たる例はいくつもあります。**傷ついていると認めてもらえないことによってさらに傷つく、という悪循環(じゅんかん)**は、残念ながらこの世の中のいたるところに存在するのです。

▶弱い立場に置かれる、ということの意味

さて、シーン⑳では、痴漢にあいそうになるという生徒の経験を、もうひとりの生徒は傷ついた経験とは認めていないのでしょうか。どうも、傷ついた経験と認めてはいるようです。ただし、この言い方は、「大変だったね」とか「大丈夫？」といった優しい言葉がけからはずいぶんと遠いもののようにも思えます。このように、応答が素直な優しい言葉になっていないのには、ふたつの理由が考えられま

す。

まず、実際には痴漢にあっていないのだからそれほど傷ついていない、と聞き手側の生徒は判断しているから、という理由です。でも、ここには問題があります。たしかに、痴漢にあうことと痴漢にあいそうになることは別のことです。ただし、別のことであることは、一方にくらべてもう一方の「傷」が浅いとか深いとかいったことを意味しません。特に、痴漢にあいそうになっただけだから傷は浅い、という考え方は、恐怖（きょうふ）を感じることの痛みを軽視しています。

痴漢されることがこわくて電車に乗れない、方言やアクセントをからかわれるのがこわくてクラス内の会話に入れない、目が見えないのでいつだれにぶつかられるかと思うとこわくて外出できない、乗車拒否されると心が苦しくなるので車いすで出かけるのをためらう……これらは実際に十分に起こりうることと結びついた恐怖なのですから、単なる「思いすごし」などではないのです。**むしろ、このような恐怖を感じざるをえないこと、それ自体がひとつの傷であり、ある人が弱い立場に置かれてしまう、ということの意味**なのです。

たしかに、聞き手側の生徒は痴漢にあいそうになった生徒が「傷ついていない」とは言っていません。でも、その傷つき方が重すぎると言っています。つまり、傷つき方にはちょうどよい程度というものがある、と言っているわけですね。ところが、すでに考えてきたように、弱い立場に置かれるということは、実際の経験の有無にかかわらずひどく傷つく立場に置かれることを意味しています。であるならば、感じ方が重すぎると言ってしまうことは、相手が弱い立場に置かれてしまっていることを認めていない、ということを意味してはいないでしょうか。

つまり、痴漢にあうリスクをかかえながら通学しなければいけない、という点を無視して、痴漢にあう経験をあたかもおみくじで凶(きょう)や大凶を引くような、単なる「運が悪かったこと」と同じ程度のものとしてしか聞き手側の生徒は考えていない可能性があります。これがふたつめの理由です。つまり、弱い立場に置かれる、ということの意味を理解していないのです。

裏を返せば、**弱い立場に置かれることで傷つけられそうになる経験それ自体が傷つくという経験でもあるのだ、と理解していれば、だれかにつらい経験を打ち明けられたとき、相手の傷の程度を軽く見積もるようなことをせずにすむようになる**わけです。「そこまで傷つくことかな？」と言って相手を落胆(らくたん)させたりさらに傷つけたりせずにすむよう、このことをいつも頭の片隅(かたすみ)に置いておけるとよいと、私は思います。

ぬけ出すための考え方

相手が傷ついていることを認めなかったり、たいしたことではないと言ってさらに傷つけたりすることがあります。これを避けるためには、弱い立場に置かれるということについての理解が必要です。

もっと知りたい関連用語

【痴漢】

もし「痴漢罪」という言葉があると思っている人がいるとしたら、それは誤りです。電車やバスなどの公共交通機関で他人の身体に許可なくさわる、というイメージがありますが、実際にはそれ以外のところでおこなわれる場合もあり、また身体にさわるのではなく自身の性器を露出する、などの場合もあります。なので、法律的に痴漢は、刑法176条の強制わいせつ罪、各自治体の迷惑防止条例違反、場合によっては刑法174条の公然わいせつ罪や刑法208条の暴行罪にあたる犯罪として裁かれます。

「痴漢罪」という罪名がないのなら、痴漢は言うほど悪くない行為だろう、というイメージを持つ人がいるかもしれません。でも、痴漢はストーカーやドメスティックバイオレンス（配偶者やパートナーに対する暴力）、強制性交と同じく性暴力です。他人の意志や身体を性的なやり方で傷つける卑劣な行為であるということは、どれだけ強調しても強調しすぎることはありません。

コラム５　お年寄り扱いしていいの？

電車やバスなどで席をゆずること、もっと気軽にできたらいいのに、と思いながらなかなかそうはできない人もいると思います。杖をついているとか、妊婦であることを示すバッジをつけている人に対して席をゆずるのはそれほど難しくないと感じる人であっても、自分より年長の人を「高齢者」ととらえた上で席をゆずるのはなかなか難しいところがあるかもしれません。たしかに自分よりはだいぶ年上だとは思うものの、「お年寄り」「高齢者」と言えるほど年長かはわからない。そんなときに、こういう話を聞いたことがあるなと思い出したりします。「気をつかって席をゆずったら、『年寄り扱いする気か！』と怒られた」。善意をそうやって否定されたくない、と思うあまり、席をゆずることをためらってしまう。

そんなとき、まず心がけてほしいのは（というか、私も心がけたいのは）、「席をゆずりたくないがためにこういうエピソードを引き合いに出しているのではないか」と自問することです。席をゆずらなくてもよい言い訳を探すことからまず遠ざかることが、気軽に席をゆずるための第一歩となるはずです。

言い訳から遠ざかってみると、「そんな文句を言う人はごく少数だな」と気づくでしょう。だって、その人よりはるかに若いはずのあなたも私も、座れるものなら座りたいと思いますよね。年齢に関係なく、かなり多くの人は座れたら運がよいと思うはずで、そんな機会ならありがたく受け取るはずです。「多くの人は座りたい、だから座ってよいと言われれば多くの人は喜ぶ」、この素直な経験則を大事にすれば、席をゆずることをもっと気楽な人助けとして実行できるはずです。

第6章

"偏見（へんけん）"がカクレた言葉

6

シーン㉑

「私には偏見ないんで」

ずるい度 ★★☆

私、男の子として生まれて
育てられたけど
いまは女性として暮らしてる。
気づいてた？

なんとなくね。
大丈夫だよ、私には偏見ないんで

……ああ、
なんかよくわからないけど、ありがとう

好きな人が同性だってだけだもんね、
なにも問題ないと思うよ

そこに偏見はある

多様な性のあり方について知識のある人なら「『偏見ないんで』と言ったそばから偏見を暴露(ばくろ)してるよ……」と苦々しく感じたかもしれません。くわしくはこのあとの「もっと知りたい関連用語」を読んでほしいのですが、出生時に割り当てられた性別（シーン㉑では「男の子」）と異なる性自認（性別に関する自己認識です。シーン㉑では「女性」）を生きる人をトランスジェンダーと呼びます。そして、トランスジェンダーは、同性を性愛の対象とする同性愛とはまったくの別ものです。

「偏見」という言葉は「いわれのない嫌悪(けんお)感」といった意味で使われることが多いですが、ここにはふたつの要素がふくまれています。ひとつは、**正しい知識にもとづいていない**（＝いわれのない）こと、もうひとつは、**否定的な評価**（＝嫌悪感）であることです。実は、後者に関しては、肯定(こうてい)的な評価も偏見にふくめる場合も（特に学問的な議論においては）多いです。根拠(こんきょ)もなく不当に人を持ち上げる（あるいは許容したり承認したりする）見方も、偏見にふくまれるわけです。

さて、シーン㉑に登場するトランスジェンダーの女性は、トランスジェンダーと同性愛の混同にもとづいた発言を会話の相手から聞いておそらく落胆したでしょう。肯定的な評価が不正確な知識にもとづいてなされたわけですから、ここにも残念ながら偏見が存在するのです。

自己申告は善意の押しつけになりかねない

とはいえ、このシーンで注目したいのは、トランスジェンダーについてのよくある誤解そのものではありません（もちろんこの誤解を解くことも大事ですが）。着目したいのは、「偏見ないんで」という自己申告です。自己申告は（自分で言っているだけですから）本当に偏見がないことを保証しませんし、実際に**「偏見がない」とアピールしつつ偏見をたくさんくり出してくる迷惑な人**に出会った経験がある人ならば、この種の自己申告が全然信用ならないどころか警戒せざるをえないものだ、と感じることも少なくないはずです。シーン㉑でも「……ああ、なんかよくわからないけど」という言葉に警戒感がよく表れています。

また、仮に本当に偏見がなかったとしても、だから安心とはならないことにも注意が必要です。差別（第８章参照）に関する研究ですでに何度も指摘されているのですが、偏見がなくても差別は起こります。ですので、たとえば本当にトランスジェンダーに偏見を持っていない人でも、トランスジェンダーの人を傷つけることは十分にありえるのです。「偏見ないんで」という言葉は、相手を傷つけない、という宣言としては実はとても頼(たよ)りないものなのです。

他方で、相手を安心させたくてつい「偏見ないんで」と言ってしまったことのある人も多いはずです。私は、「大丈夫だと安心させたい」気持ち自体は悪いものではないと思います。ただし、そのような善意は、「偏見ないんで」という言葉のかたちをとるべきではないとも考えています。

すでに考えてきたように、「偏見ないんで」は、相手を傷つけないことをうけ合う言葉としては的を外しているし、場合によっては相手を警戒させてしまうものです。もし「偏見ないんで」と言ったその人が、相手を傷つけるようなことをのちにしてしまい、抗議(こうぎ)されたとします。このとき残念なことに、傷つけた側が「偏見がない私があなたを傷つけているはずがない、そんなことを指摘するあなたがまちがっている」と難癖(なんくせ)をつけてくることは少なくないのです。このような難癖をつけられたことがある人なら、「偏見ないんで」を信用できなくて当然です。なにせ、**あとになって「私は悪くない」と言うために、単に先手を打って責任逃(のが)れしているだけ**なのですから。性急に味方にまわろうとする人の「善意」の押し売りには、警戒してしかるべきです。

▶「傷つけたくない」を言葉で終わらせない

ですから、「偏見がないという自己申告だけではなんの保証にもならない」とわかった上で、それでも相手を傷つけたくない、という気持ちを表明すべきではないでしょうか。「あなたを傷つけたくない」とか「もし、誤解にもとづいてあなたを傷つけていたら謝りたいから指摘してほしい」とか。自分がどんな人間かをアピールするのではなく、相手に寄りそう姿勢を見せるほうが、よほど相手に信頼(しんらい)してもらえるでしょう。

どんなに努力しても試験で100点満点を取り続けることはできません。人付き合いも同じです。満点が取れないから満点を取ろうとしない、というのはナンセンスですが、つまり**相手を傷つけない努力はいつでもとても必要ですが、まちがえた部分を直して次はまちがえないようにすることも同じように大事**です。人間関係は一度きりの面接試験ではないのですから、的外れな自己アピールではなく、相手を傷つけたくないという気持ちをどう誠意を持って伝えるか、それを信じてもらうために相手の置かれた状況(じょうきょう)をどうやって正確に理解していくか、を考えるべきなのだと思います。

ぬけ出すための考え方

「偏見ないんで」は相手を傷つけないことを保証しません。傷つけたくないという誠意を伝えること、実際に傷つけないよう相手の状況をきちんと理解することがよい人間関係への近道です。

もっと知りたい関連用語

【トランスジェンダー】

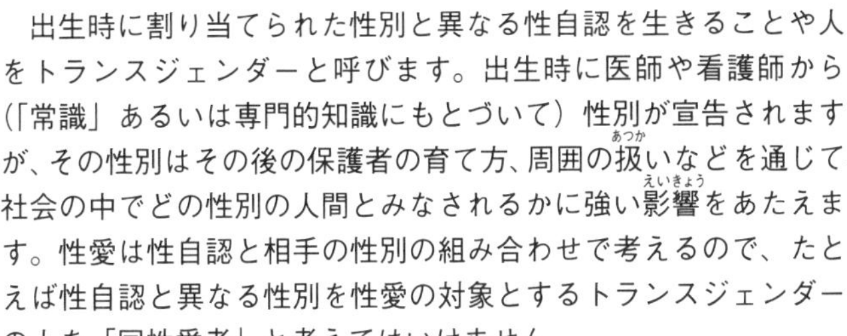

出生時に割り当てられた性別と異なる性自認を生きることや人をトランスジェンダーと呼びます。出生時に医師や看護師から(「常識」あるいは専門的知識にもとづいて)性別が宣告されますが、その性別はその後の保護者の育て方、周囲の扱(あつか)いなどを通じて、社会の中でどの性別の人間とみなされるかに強い影響(えいきょう)をあたえます。性愛は性自認と相手の性別の組み合わせで考えるので、たとえば性自認と異なる性別を性愛の対象とするトランスジェンダーの人を「同性愛者」と考えてはいけません。

【偏見理論】

「偏見＝正しい知識にもとづかない否定的（または肯定的）な評価」によって差別が引き起こされる、という考え方が偏見理論です。もちろん、多くの差別は偏見から起こりますが、実際にはそれ以外の原因でも起こります。たとえば、事実無根だと知りながら周囲に同調して差別に加担した場合、その人の心の中には正しい知識があり、偏見はありません。偏見を取りのぞいていくことは差別をなくすために必要ですが、偏見をなくしさえすれば差別はなくなる、とは考えないことが重要です。

シーン㉒

「悪気はないんだから許してあげなよ」

ずるい度 ★☆☆

またノートに絵を描いているだけで
『天才画家っぽい』って言われた。
迷惑！

もしかして、
それ左利きだからってこと？

そう。こっちはそのせいで
いつも苦労しているのに、
無神経だと思わないのかな？

まあでも、
悪気はないんだから許してあげなよ

悪気だけが人を傷つけるわけではない

悪気がなくて相手を傷つける場合はあります。「許してあげなよ」とアドバイスしている生徒も、左利きになやんでいる生徒を傷つける行為(こうい)があったことは、理解しているように思えます。では、悪気があって人を傷つけた場合と、悪気がなくて人を傷つけた場合、どちらがより「悪い」のでしょうか。

悪気があるほうが「悪い」と言いたい場合はありそうです。殺人罪と過失致死(ちし)罪では、前者のほうが重い刑罰(けいばつ)になりますし、故意ならば犯罪だが過失だと犯罪にならない、という行為もたくさんあります。

他方、悪気があろうがなかろうが関係ない、という場合もありえます。重い病に苦しんでいる人に、医者にかかるのをやめてあやしげな水を毎日飲めとすすめる行為の悪さは、すすめる人がその水の効能を心から信じているか信じていないかによって変わったりはしないでしょう(どちらであれ健康に重大な悪影響をあたえることに変わりはないのですから)。

では、悪気がないほうがたちが悪い場合はないでしょうか?「無神経」という言葉で表される行為について、私たちは悪気がないから余計にたちが悪い、と考えている場合も多そうです。ここでのポイントは知識や理解です。左利きの人が苦労しているとわかっていれば、そんなことは言えないだろう、と非難し批判するとき、私たちは「悪気」ではなくて知識や理解の不足、あるいは知識や理解が不足しているのになにかを平気で言えてしまうその知的なだらしなさを批判しているわけです。

以上のように、私たちは**悪気の有無が行為の悪さにどのような影響をあたえるかについても、状況に応じていろいろな考え方をしている**ことがわかります。であるならば、「悪気はないんだから」に納得いかない場合があるのも当然でしょう。

▶「悪気がない」のは許せる理由にならない

「悪気はないんだから許してあげなよ」にはもうひとつやっかいな要素がふくまれています。そう、「許す」という行為です。

他人からされた理不尽（りふじん）な行為のなにを許すべきか、なにを許せないままでいてよいのかについては、個人によって考え方が大きくちがうはずです。ただし、多くの人にとって、**理不尽な行為をただ無条件で許す、というのはほぼありえない**、とは言えそうです。「理不尽な行為をされました、傷つきました、でも許します」と即座(そくざ)に判断することはちょっと考えにくいですね。理不尽な行為の「悪さ」を認識している、もしくは「悪さ」に見合ったなんらかの「罰」を受けていることを、許すための最低条件とする場合はかなり多いはずです。

もちろん、前者は心情の問題として、後者は法的な問題として問われることが多く、また両者がずれることも多いと思います。そして、日常的な場面では、基本的には前者の心情の問題が大きな位置をしめるでしょう。つまり、**「悪かったと反省しているなら許してもよい」と思うことはそれなりに多い**はずです。理不尽な行為をされたことのある人なら実感できるでしょうが、**許さないでいることもある程度エネルギーがいる**ので、「悪かったと思っている」なら許してしまいたい、ということもあるでしょう。

さて、では「悪気はない」は許すための理由になっているでしょうか。いいえ、悪かったと反省しているわけではないので、なっていません。ただし、「許す理由」をあたえてくれないことそのものが問題だとは、私は考えていません。この言い方だと、許したり許さなかったりする側の気持ちだけの問題のように聞こえてしまうからです。

そう、本当の問題は、「悪気はないんだから許してあげなよ」が、**悪気がないまま傷つける行為の悪さを問わないこ**

とで、「勝手にお前が傷ついた」というメッセージを受け手に与えかねない点なのです。すでに述べたように、悪気がなくても相手を傷つける場合はありますし、悪気があろうがなかろうが関係ない、もしくは悪気がないほうがたちが悪いという場合もあります。だとすれば、これは悪いことをした側の問題なのだ、とはっきりさせなくてはなりません。そこをうやむやにするから、傷ついている側が我慢するかたちで事態を収めるしかなくなってしまうのです。

そもそも、理不尽な行為で傷ついている人に対して、傷つけた側の悪気の有無を伝える必要はありません。「たしかに無神経だと思う」と同意するのが一番ではないでしょうか。「機会があれば本人がいやがっているとあいつに伝えておく」でもかまわないでしょう。**傷つけた側の意図を真っ先に気にしてしまうことのおかしさに気づく必要があります。**

では、仮に自分が悪気なく人を傷つけてしまったと感じたらどうすればよいでしょう？「悪気はなかった」と言っても、「こいつ、言い訳したな」と思われる可能性は高いのです。ならば選択肢はひとつ、素直に謝ればよいのです。「悪気がなかった」ことを許してもらうための理由として持ち出さず、誠意をもって謝るのが、許してもらうための一番の近道だと思います。

ぬけ出すための考え方

相手を傷つける行為に「悪気がない」ことが、その行為を許す理由になるとはかぎりません。あなたが第三者ならまずは傷ついた人に寄りそうこと、傷つけた側なら素直に謝ることが一番大切です。

もっと知りたい関連用語

【故意・過失】

「わざと、意図的に」という意味を表すのが故意で、「わざとでなく、意図的でなく」という意味を表すのが過失、と考えることができます。日常語の場合はこのくらいの素直な理解でよいのですが、法律用語の場合には、罪の重さが関わってきますから、このふたつの境目が問題になります。

なんらかの（法的に）よくない結果が「起こってもかまわない」と思いながら行為をした結果起こる場合、それを「未必の故意」と呼び、「起こるとまずいが、起こりはしないだろう」と思って行為をした結果起こってしまった場合、それを「認識ある過失」と呼びます。故意と過失の境界線は、このふたつの概念（がいねん）の間に引かれることになります。

もちろん、裁判になると両者の境目がさらに問題になることもあります。意図的なのかそうでないのかの境目は、私たちが思っている以上にあいまいなのです。

シーン㉓

「心の中で思ってるだけならいいんでしょ?」

ずるい度 ★★★

落合、
地下鉄の乗りかえに関する自由研究で
賞をもらったんだってね

やっぱりオタクは
やることが細かいね。
正直気持ち悪いと思うけど

そういう考え方はよくないと思う

建前としてはね。
でも心の中で思ってるだけなら
いいんでしょ?

言ってはいけないことを言ってやりたい

世の中には鉄道ファン、あるいは鉄道にかぎらずなにかについてとてもくわしい人に対して気持ち悪さを感じる人も、残念ながら存在します。知識の多い人に対するやっかみなのか、自分が知らない細かな知識には価値がない（から知らなくてよい）と考えたいからなのかはわかりませんが、よく知っていること自体を否定的に評価しようとする、乱暴な考え方だと私には思えます。

さて、この乱暴な考え方の持ち主が、シーン㉓にも登場します。この生徒が捨てぜりふのように言った「心の中で思ってるだけならいいんでしょ？」という言葉について、ふたつの方向から考えてみましょう。

まず、「心の中で思ってるだけならいいんでしょ？」という言葉は、「心の中で思ってるだけ」をすでに破っているのではないか、という点について考えてみましょう。とても単純な話なのですが、この言葉は、前後のやりとりから考えれば「口に出してはいけないらしいが、心の中では落合のことを気持ち悪いと思っている」と表明しています。口にすべきでない考えを結局口に出してしまっているのですから、よくないことをしていると判断せざるをえません。不注意はとがめられるべきでしょう。

でも少し待ってください。この発言、不注意からうっかりなされたものだと決めてしまってよいでしょうか。場合によっては、という限定はつきますが、わざとやっていると考えることもできないでしょうか。「心の中で思ってるだけならいいんでしょ？」という言葉を開き直って言う人はそれなりにいます。このときその人は、「言ってはいけない意見」であるとわかっているとアピールしつつ、それでもその意見を言ってやりたいと思っています。であるならば、不注意やうっかりではなく、これは明確に悪意を持っての発言ということになるわけですから、よりいっそうたちが悪いです。

▶ 本音より建前が大切

「言ってはいけない意見」をわざと言う行為についてもう少し考えてみましょう。なぜこんなことをするのでしょうか。わざと悪いことをするのに喜びを感じるからとか、わざと人を傷つけるのに喜びを感じるから、という場合も残念ながらあるでしょう。でもここでは、もう少しちがう観点から考えてみます。つまり、そもそも**「心の中で思ってるだけならいいんでしょ」と言うような人は、「心の中で思ってるだけ」のその内容を、実は正しくないとは思って**

いないのではないでしょうか。

こう考える手がかりとなるのが、会話に出てくる「建前」(＝表向きの考え）という言葉です。この言葉、「本音」（まさに「心の中で思ってる」ことですね）と対になって使われることが多いですね。「建前」と「本音」が表と裏の関係であることを考えれば、正しくないということにはなっているけれど、本心では正しい、あるいは少なくとも「普通」とか「みんなもそう思っている」と考えていそうだ、とわかります。

「心の中で思ってるだけ」にすべき本音を言いたくなるのは、そちらのほうがむしろ正しかったり普通だったりすると思っているからだとして、ここで立ち止まって考えてみたいのです。建前と本音が異なる場合、本音のほうがむしろ本当は認められるべきだ、とするのは正しいでしょうか。それは**「自分の思っていることは正しい」と思いたいがための単なるこじつけ**ではないでしょうか。

例を出して考えてみましょう。私がとても空腹な状態で近所のコンビニエンスストアに行ったとします。私はプリンが好きなので、プリンを目の前にして「いまこの瞬間、棚からプリンを取ってふたを開けて、この場で食べたい」と思います。これはまぎれもなく私の本音なのですが、だから「レジに持っていって代金をはらって、少なくとも店の外に出てから食べる」という建前よりも、私の本音のほうが認められる（つまりその場でプリンを食べてよい）ということになるでしょうか？　もちろんなりません。だれに確かめたところで、「お前がどれだけ空腹であろうがプリンが好きであろうが知ったことか、ちゃんと買え」と言われるに決まっています。

その通りです。**感情的でもあり、未熟でもあり、欲求につき動かされもする私たち個人の本音などより、互いの権利を侵害せず節度を守ってやりとりするために人々がつくり上げた建前のほうがよほど大事**なのです。建前はいつも大事で、建前に反するような本音はやはりよくない、でよいのではないでしょうか。プリンをこの場で食べたいと思うことは、実際にしなければ建前と共存可能な本音でしょうが、なにかにくわしい人を気持ち悪いと思うべきでないという建前は、気持ち悪いと思う本音と共存できません。だとすれば、この本音を自ら疑ったり、正したりする以外に取る道はありません。**「心の中で思っているだけ」を厳格に守って人を傷つけないのももちろん大事ですが、「心の中でしか思っていてはいけない」ことをそもそも思わずにすむように自分をつくり変えていくことも大事**だと、私は思います。

ぬけ出すための考え方

「心の中で思ってるだけならいいんでしょ？」は、口に出してはいけない理由に無頓着です。本音と建前がずれた場合は、建前が存在する理由に照らして自分の本音を考え直していくことも必要でしょう。

もっと知りたい関連用語

【オタク】

ある対象のファンやマニアのことを「オタク」と呼ぶことがあります。シーン㉓では悪口のように使われていますが、もともとは特定の趣味を持つ愛好家同士がお互いのことを「お宅」（「あなた」を指す丁寧な言葉です）と呼んでいたことにちなむものですので、必ずしも悪い意味で使用する言葉ではないと考える人も多く、私自身もむしろ賞賛の言葉として「オタク」を使うことが多いです。

【適応的選好形成】

イソップ童話の『すっぱいぶどう』は、高い木の枝になっているぶどうを取れなかった狐が、「あのぶどうはきっとすっぱいにちがいない」と考えるようになる、というお話です。このように、自分が持っていないもの、手に入れることができないものは、そもそも価値を持たないものだったと（自分でも知らないうちに）考えてしまうことを適応的選好形成と言います。ある対象にくわしいファンやマニアを見くだす心理の背景には、自分がどうがんばっても手に入れられなさそうな知識や経験を、「そもそも欲しくなかったもの」にしてしまう、という適応的選好形成のメカニズムがかくれている場合もあるでしょう。

コラム6　感動ポルノ

障害者が健気に生きているそのさまを感動的な実話として健常者が消費することを批判するために、オーストラリアの障害者社会運動家、ステラ・ヤングによって生み出された言葉が、「感動ポルノ（inspiration porn）」です。性欲を満たすためにポルノグラフィが利用されるのと同じように、健常者が感動するために障害者が利用されている、と彼女は告発したわけです。障害者だけでなく、いまやセクシュアルマイノリティ、外国人など、マイノリティであるがゆえに苦労する人の「がんばる姿」が、マジョリティの満足のためにくり返し利用されています。ですので、彼女の告発の意義はきわめて大きいと言えるでしょう。

ただし、「感動ポルノ」の批判にはひとつ気をつけるべき点があります。障害者の人権や幸福に興味がないどころか、障害者に偏見を持っていたり日ごろ差別していたりする人が、障害者に対して温かい目を向けている（ように見える）人をきらう自分を正当化するために「感動ポルノ」批判に同調することがある、ということです。差別しない、他人を尊重する、というよいおこないを毛ぎらいする人は、「偽善」を批判することでよくない自分のまま「正しさ」を手に入れることができます。その卑怯さを私たちは警戒すべきでしょう。

ですので、「感動ポルノ」批判は、それ単独で意義を持つというよりも、それが「障害者のよりよい生をサポートすることになっている、少なくともサポートするつもりがある」場合にのみ有意義である、と私は考えています。

第7章

"時代のせい"がカンチガイな言葉

7

シーン㉔

「昔はそれが普通だったのに」

ずるい度 ★★★

昔は給食って
絶対に残しちゃいけなかったんですか？

時間内に食べきれない生徒は
次の掃除の時間になっても
食べさせてたね

ほこりが舞う中で食事をするのは
汚いですよね？

だから時間内に残さず食べろってこと。
昔はそれが普通だったのになあ

どんな手段を使ってもよい、はずがない

たしかに、好ききらいをしないこと、残さず食べることは悪いことではありませんし、そう指導することも大事です。ただし、個々の生徒の事情を無視してこの指導を押(お)し通そうとしてはいけないですね。食物アレルギーのように、食べてしまうと生徒が命の危険にさらされる場合があるから、というだけではありません。きらいな食べ物に対するいやな思い出をぬり重ねることは、将来ちょっとしたきっかけでその食べ物を好きになる可能性をせばめることにもなります。きらいな食べ物の無理強いよりも（アレルギー症状(しょうじょう)の出る食べ物の無理強いは絶対にダメです！）、無理だったら他の食べ物を組み合わせて栄養バランスのよい食事を心がけさせる指導が大事でしょう（もちろん、ふざけて給食を残す生徒にきちんと食べるよう指導する必要はない、という意味ではありません）。

さて、このようには考えず、きらいな食べ物も全部食べさせることがよい教育であり、そのためならどんな手段を用いてもかまわないと考えている教師がかつてはいました(残念ながら、いまもいるようですが)。掃除の時間に残ってでも食べさせる、というとても不衛生な方法すら、問題ないと思われていた時期もあったのです。

「のに」に要注意

少し考えればおかしいとわかるこの指導法を、教師は「昔はそれが普通だったのになあ」と、なんだかなつかしそうに語っています。もちろん、この教師はいまもそれが「普通」だとは思っていませんし、そんな指導はしないでしょう。でもこの教師には、かつての指導法に肩(かた)入れしたい気持ちもありそうです。「のに」という言葉には、ふたつの対立することがらをつなぎ、あとのほうのことがらに不満の気持ちを表す役割があります。この場合、あとのほうのことがらは省略されていますが、おそらく「いまはそれが普通ではなくなった」ことが不満なのでしょう。

昔は「普通」だったことがいまはできなくなってしまった、ということに対してそれとなく不満を表明する人はいます。ですから、相手からより望ましいはずのいまのやり方への不満を感じたら、すぐに対処しておくべきです。たとえば、「昔のやり方のほうがよかったということですか？」とはっきり聞いてしまいましょう。多くの場合、「そうは言ってない」と応答するはずです。**相手が昔の「普通」にもどろうとするのをやんわりと防いでおくことで、より望ましいいまのやり方を続けてもらう**ことができます。

「普通」のかくれた意味

やっかいなのは、「昔はそれが普通だったんだよ」と言われて、たしかにその通りだと思って「たしかに昔はそれが普通でしたよね」と同意したら、なぜか昔のやり方を認めた、ということにされてしまう場合です。

なぜ、「昔は普通だった」という言葉に同意することが、昔のやり方を認めたことになってしまうのでしょうか。それは、「普通」という言葉にかくれた意味があるからなのです。もちろん、「普通」がどういう意味かと聞かれれば、「珍(めずら)しくない、ありふれている」ということだと多くの人が答えるでしょう。ところが、「普通」には「そうであるべき、望ましい」という意味がふくまれることがあります。**「普通」という言葉を、単に「珍しくない」だけでなく、「みんながそうするべき（だから結果として珍しくなくなる）」という意味で使うこともある**のです。

ですので、「昔は普通だった」という言葉を、「昔はそれが珍しくなかった」という意味だと理解して同意すると、「昔はそれが望ましいこととされていた」ことに同意したことにされてしまうということがありえます。

もちろん、**「昔はそれが望ましいこととされていた」ことに同意することは、いまそれを望ましいと思っているかと**

いうこととは無関係です。でも､「普通」という言葉に「望ましい」という意味をこめて使っている場合、昔のやり方をいまも望ましいと考えている可能性は少なくないでしょうから､そのやり方の「(いまにも通じる) 望ましさ」に同意してもらえたとかんちがいされてしまうことは、十分にありえます。

「普通」という言葉は､「珍しくない」と「そうであるべき」のふたつの意味を持ってしまうがゆえにその解釈がバラバラになりやすい、やっかいな言葉なのです。特に､「昔はそれが普通」という言葉が実際にその「昔」を生きてきた人から発せられた場合は､「いまは言いにくいけれど昔のほうが望ましい」という意味がこめられている場合があります。

もちろん、昔にくらべてなんでもいまのやり方のほうが望ましいとはかぎりません。でも､私たちが昔にくらべてよいやり方をひとつずつ選んできたことを信頼するなら、つまり、よくないとみんなが考えるようになったやり方はきちんと避けられるようになっていくことを理解しているなら、このような「普通」のトリックに引っかかってはいけません。少なくとも、昔を知っている人に引きずりこまれるのではなく､「昔といまと、どちらが望ましいのか」を冷静に考える必要があるでしょう。

ぬけ出すための考え方

「普通」という言葉を「珍しくない」という意味で使っても、「そうあるべき」と考えている人に都合よく解釈される場合があります。「昔」を肯定する意見に引きずられず、よりよい方法を模索しよう。

もっと知りたい関連用語

【完食指導】

生徒に給食を残さず食べるよう指導することを完食指導と言います。一食分と想定する品数と分量をすべて食べきるように指導する、と考えればこれは生徒に対してかなり暴力的に働く指導になりますが、「食べられる分だけをよそって食べきる」ことだと理解すれば、食品ロスの抑制や、食べられる範囲でおいしく食べきることで給食や食事一般の楽しみを知る、という観点からも十分に意義のある指導になりえます。

現に、2019年３月に文部科学省から発表された「食に関する指導の手引（第二次改訂版）」には、偏食の児童に対しては「児童生徒自身が苦手な食品についてその日食べる量を決定し、完食することを目標とした個に応じた指導」が求められると書かれています。

シーン㉕

「いまはそういう時代じゃないからね」

ずるい度 ★★★

男も料理できたほうがいいんですか?

当たり前だ。
いまは男だって家庭科の授業を受けなきゃいけないんだから

でも先生は結婚相手に料理を全部まかせてるんですよね?

それはおれの世代の話。
いまはそういう時代じゃないからね

時代のせいにしている

「いまはそういう時代じゃない」ならこの男性教師も料理ができるべきで、なんで妻にまかせっきりなんだよ、あなただってこのいまを生きているだろう、と思わずつっこみたくなります。

もちろん、夫婦にかぎらず、同居している人とどのように家事を分担するかは、それぞれの生活のスタイルや得意不得意に応じて話し合って決めればよいことです。きちんと話し合って決めたのであれば、夫が料理をすべて妻にまかせてもかまわないでしょう（とはいえ、妻がいそがしかったり風邪(かぜ)を引いたりしたときは手伝ったり代わったりすべきだと思います）。でもこの教師は、「料理は女性がするもの」という古い考えにもとづいて、なんとなく妻に料理を押しつけているようにも思えます。「おれの世代の話」と言っていることからも、彼が時代のあり方を「料理は妻の担当」という選択(せんたく)の理由としていることがわかります。いや、**時代のせいにしている**、と言ったほうが正確でしょうか。

ふたつのかくれたメッセージ

「男子は料理をできなくてもよい」という考え方が主流だった時代には女子生徒だけが受けていた家庭科の授業を、いまは男子生徒も受けるようになりました。問題は、この変化に関して、「いまはそういう時代じゃない」という言葉がどのようなかくれたメッセージを伝えているかです。

可能性はふたつあります。「昔は男子が料理をできなくてもよいとされていたけれど、それはまちがっていた」というメッセージと、「昔は男子が料理をできなくてもよいとされていたのだから、その当時はそれでよかったのだ（し、いまでもそのほうがよいと思う）」というメッセージです。正しいことに対する認識が変化する前の状態を否定するか、（当時はそれでよかったんだから、という理由で）肯定するかで、「いまはそういう時代じゃない」という言葉の背後にあるメッセージはまったく逆になってしまいます。

それでは、シーン㉕の男性教師は、どちらの意味をこめて「いまはそういう時代じゃない」と言っているのでしょうか。もちろん断定はできませんが、私はふたつめの意味、すなわち「当時はそれでよかったのだ（し、いまでもそのほうがよいと思う）」という意味をこめていると推測します。理由はふたつあります。まず、この男性教師自身はいまでも妻に料理をまかせっぱなしで、しかもその理由を「おれの世代」の特徴（とくちょう）に求めています（妻と話し合って決めたわけではないようです)。昔の考え方にのっとって生きているわけですから、本心では昔の考え方を肯定しているとしても、おかしくありません。

そしてもうひとつの理由、こちらがとても大事だと私は考えているのですが、男性の料理に関する考え方の変化の理由と結果が逆転してしまっているところです。

この教師は、「男も料理ができたほうがいい」のは「男だって家庭科の授業を受けなきゃいけない」からだ、と述べています。でも、これはまったく逆です。男性も料理ができたほうがよい(女性に料理を押しつけてはいけない)から、家庭科の授業は男女ともに受けるものになったのです。料理は女性の仕事だと考えられていた時代に、その不当さに気づいた人が声を上げたから家庭科が男女共修になったとわかっていれば、こんなかんちがいは起こらないでしょう。

世の中は、より正しい方向へと生まれ変わってきた

「いまはそういう時代じゃない」と言う人の中にも、このかんちがいをしている人がいるはずです(私の感覚では、とても多いです)。**いまが「そういう時代」ではなくなったのは、「そういう時代」であってはいけないと考えて、行動し**

た人たちがいたからです。シーン㉕で取り上げた「普通」という言葉を用いて言いかえれば、それが「普通（珍しくないし、そうであるべき）」だった時代に、やっぱりその「普通」はおかしいと考えただれかがいて、その人たちの努力が世の中を動かしてより正しい世の中をつくってきました。それにもかかわらず、人々はその時代ごとのルールにただしたがうだけだ（そして「昔はよかった」と思うならいまのルールを守らなければよい）と考えてしまうことは、**人々が知性と行動力で世の中をより正しくしてきた、という歴史に対して、とても不誠実な態度**だと言えるでしょう。

ですから、「いまはそういう時代じゃない」という言葉に「昔はよかった」というメッセージをかくしているように思えたら、せめて「時代の単なる変化」ではなく「だれかがそれを正しいと信じて変化させた」ことが大事なはずだと念を押しておきましょう。たとえば、「男性も料理ができればそのぶん女性が料理を押しつけられる可能性が減ってよいことだ、ってだれかが考えたってことですよね」と切り返すのはどうでしょう。「だれか」を持ち出せば、少なくとも「時代の変化」のせいにすることからは、相手を遠ざけることができるはずです。

ぬけ出すための考え方

「正しさ」が時代によって変わるのは、過去の時代の「正しくなさ」を、「やっぱりおかしい」と考えた人がいたからです。「時代の単なる変化」という受け身の認識はやめよう。

もっと知りたい関連用語

【家庭科共修】

中学校の「技術・家庭科」は1958年から男女別学の科目、高等学校の家庭科は1974年から女子の必修科目、男子の選択科目として展開されていました。女性にだけ家事負担を押しつけることを前提とした教育制度に反対する人たちが働きかけたことに、1979年に国連が採択した女性差別撤廃(てっぱい)条約に日本が批准(ひじゅん)するにあたって、国内の制度を見直す必要があったという国際的な事情も組み合わさって、中学校では1993年に、高等学校では1994年に家庭科が男女共修となりました。

【「昔はよかった」病】

「昔はよかった」というときの「昔」が、実際の過去の世の中のことではなく、いまの自分が美化してしまった空想上の「昔」のことなのでないか、ということにも注意する必要があります。イタリア生まれの日本文化史研究家（としておきましょう）、パオロ・マッツァリーノさんは、これを「昔はよかった」病と名づけ、その誤りを正す同名の書籍(しょせき)『「昔はよかった」病』（2015年／新潮新書）を書いています。

シーン㉖

「最近は普通の人間が生きづらくなった」

ずるい度 ★★★

うちの親が最近の学級だよりは
わかりやすくなった、って言ってました

日本語が苦手な保護者のために、
やさしい日本語にして、
ふりがなもつけているからね

大事な連絡（れんらく）もあるから、
伝わりやすいのはたしかに大事かも

昔はなにも気にしなかったけどね。ほんと、
最近は普通の人間が生きづらくなったな

「普通の人間」ってだれのこと？

より多くの保護者が子どもの教育に関する情報を簡単に手に入れることができるようになるのは、とてもよいことです。それにもかかわらず、この教師はそのことによって「生きづらくなった」と不満をこぼしています。「普通」という言葉を手がかりに、この不満にかくされた教師の考え方をさぐってみましょう。シーン㉔では、**「普通」という言葉をわざわざ使う場合には、「珍しくない」だけでなく「そうあるべき」という意味がかくれていないか疑ってみてもよい**、と説明しました。「普通の人間が生きづらくなった」にも「そうあるべき」という意味の普通がかくれている可能性があります。

まず、ここでの「普通の人間」は、具体的には「日本語が理解できる人間」を指しています（「普通の人間」とは「日本人」のことだと考えた人、気をつけてください。「日本国籍(せき)を持っている人」「民族的なルーツが日本にある人」「日本語が理解できる人」は、完全に重なるわけではありません）。ですので、「普通の人間が生きづらくなった」は、この会話においては、正確には「日本語が理解できない人のせいで、日本語を理解できる人が生きづらくなった」という意味になります。

▶本当に生きづらいのはだれ？

しかし、これは明らかにおかしいです。どう考えても日本に住んでいて生きづらいのは、日本語を理解できない人間のほうでしょう。だからこそ、駅や公共施設(しせつ)には多言語表示があり、重要な情報に関しては、日本語の理解能力に関係なく多くの人がわかるようにしてあるわけです。そして、自身の育てる子どもが過ごす学校やクラスに関する情報はきちんと知る必要がありますから、保護者と連携(れんけい)しながら教育をすすめなければならない学校側は、日本語が理解できない保護者へも可能なかぎり丁寧(ていねい)な情報提供につとめるべきでしょう。

にもかかわらず、この教師は日本語が理解できる人だけに向けて学級だよりを書いていればよかった時代をなつかしんでいるようです。やはりどうやら、「普通」には単に「珍しくない」以上の意味がこめられています。つまり、「(日本に住んでいるなら、あるいはこの学校に子どもを通わせているなら）日本語が理解できるべきなのに、そうでない人のせいで私はしなくてもよい苦労をしなければいけない」と思っているのではないでしょうか。ここには、日本語を理解できる「べき」というかたちで、「普通」の持つ

「そうあるべき」という意味がまぎれこんでいます。

たしかに、すべての保護者が自分の子どもの教育について知るためには、それを可能にするための負担をだれかが引き受ける必要があります。ただし、日本語を理解できない人が日本語を理解する労力に比べれば、日本語を理解できる人がやさしい日本語を使って学級だよりを書く労力は小さいはずです。であれば、日本語を理解できる側が日本語を理解できない側のために少し負担を引き受けるのが、労力のバランスを考えつつ目的を達成するための、よりよい方法ということになります。

より苦労している人を、苦労していない、あるいは苦労が少ない人のほうが支える。簡単で当たり前の考え方ですが、実践(じっせん)するのは簡単ではないかもしれません。現にこの教師は、自分の負担が増えることをいやがって「生きづらくなった」と不平をこぼしています。**「自分の負担が少しでも増えるのであれば、他人の負担がそのことによって大きく減るとしても、それはまちがったことだと言いたい」人はたくさんいる**のです。

「普通」を負担を避ける言い訳にさせない

自分の負担が増えないよう、だれもが自分のような人間

「であるべき」という意味を「普通」という言葉にかくすことは、とても困っている人を「普通」でないと非難してさらに苦しめる言葉です。ですので、この言葉を聞いたら、「普通」という言葉の「そうあるべき」という意味から距離をとって、望ましい状態を実現する苦労をだれが引き受けるかに話題の中心を引きもどす必要があります。たとえば、「日本語ができない保護者に一方的に努力させたいわけではないですよね？」などと返してもよいかもしれません。

ひとつだけ補足しておきます。日本語を理解できない保護者が学級だよりを理解する苦労ほどではないにせよ、やさしい日本語で学級だよりを書くことにも苦労は必要です。やさしい日本語にもルールがあるので、使いこなすには技術と訓練が必要だからです。学級だよりをやさしい日本語で書くことは、実はそれほど簡単なことではありません。

たくさんの仕事に押しつぶされている教師にとっては、他人から見れば小さな負担であったとしても、増えるのは大変なことです。ぐちをこぼしたいのも当然だと思います。けれども、その**ぐちがいまとても困っている人をさらに苦しめるようなものであってはなりません**。「やさしい日本語を勉強する時間が欲しい」「学級だよりにかけられる時間が足りない」はよくても、「普通の人間が生きづらくなった」などというぐちは、言うべきではないと私は思います。

ぬけ出すための考え方

だれもが自分と同じ「普通」であるべき、という主張は、いま困っている「普通」でない人をより苦しめます。自分の負担を減らすために「普通」を使う人には、苦労は公平に負担することが大事だと気づかせよう。

もっと知りたい関連用語

【やさしい日本語】

「やさしい日本語」は、日本語を第一言語としない人（主に外国人）向けにつくられた、もうひとつの日本語です。単に難しい言葉を簡単な言葉に言いかえるだけでなく、あいまいな表現を避ける、複雑な文構造を避ける、重要な情報だけを伝えるなど、いくつかの原則にもとづいて使う言語です。もとは1995年に阪神・淡路大震災が起きたとき、外国人の被災者が必要な情報を十分に得られなかったという反省からつくられたものですが、現在では日々の生活情報を伝える言語としても用いられています。

【教師の長時間労働】

シーン㉖では教師の仕事のぐちがふくむ問題点を指摘しましたが、実際には、ぐちを言いたいのも当然なほど教師の仕事量は多く、その長時間労働が問題となっています。2018年のOECD（経済協力開発機構）の国際教員指導環境調査によれば、中学校教師の労働時間の調査国平均は１週間で38.3時間ですが、日本は56.0時間で参加国中最長です。教師個人の努力にまかせるのではなく、教育に予算をもっと配分する、法律や制度を整備して業務の効率化をはかるなど、社会全体でこの問題を解決していく必要があります。

コラム7　母は強し

このコラムを書くにあたって調べてはじめて知ったのですが、この言葉は『レ・ミゼラブル』を書いたフランスの作家、ヴィクトル・ユーゴーのもので、正確には「女は弱し、されど母は強し」というものなのだそうです。

私はこの言葉があまり好きではありません。女性が強くならざるをえないのは、子育てをひとりでがんばらなければならない状況（じょうきょう）のせいだ、と思えるからです。父親がいるならもっと子育てにかかわれよ、とも思います。

また、ユーゴーの言葉の前半部分、「女は弱し」も気に入りません。発言が聞き入れられない、自由に生きられないなど、女性は社会によって弱い立場に置かれているわけですから、名言としてありがたがる前に状況を改善すべきです。

そもそも、女性が子育てを全面的にまかされ、自分の人生を「親」であることにささげなくてはならないこと自体、女性が弱い状態に置かれていることの証拠（しょうこ）ですから、「されど」よりも「だから」が正しいはずです。つまり、「女は弱くあるべきとされる、だからこそ母は強くあれとも言われる」のです。

最近では、子育て中の親がときに親としての立場を離（はな）れてそれ以外の人生を生きることをちゃんと認めようという考え方があります。親に親以外の人生があることを親子がともに理解することは、互（たが）いの関係性を風通しのよいものにするためにも必要です。この流れが、特に母親に関してぜひ広まってほしいと私は思います。

第8章

"差別意識"がカクレた言葉

シーン㉗

「差別なんて絶対になくならない」

ずるい度 ★★★

いまだに
男同士で手をつないでるカップルを
じろじろ見る人っているよね

気持ち悪いとかじゃなくて、
単に珍しいってことなんじゃない？

珍しいって思うこと自体おかしいよ。
当たり前のことにしていかなきゃ

差別なんて絶対になくならないんだから、
そういう努力って無駄じゃない？

差別とはなにか

この本の中では、なんらかの性質を持った人々（女性、トランスジェンダー、転校生、喘息持ち、一人親家庭の子ども、鉄道ファンなどなど）が傷つけられる状況にふれてきました。これらのことがらをまとめて、差別と呼ぶことができます。シーン㉗にも「差別」という言葉が登場しますし、ここで差別について簡単にまとめておきましょう。

差別は、次の３つの条件によって説明されます。第1に、それは特定の**社会的カテゴリー**に関するものです。「社会的カテゴリー」と聞くと難しいと感じるかもしれませんが、ある特定の性質を持っているとされる人々、といった意味でここでは使っています。先ほど挙げた女性、トランスジェンダー、転校生、喘息持ち、一人親家庭の子ども、鉄道ファンなど、その性質を持つ複数の人々をまとめて指すのが「社会的カテゴリー」です。また、「1年３組」「出席番号が偶数」など、もともと共通の特徴を持たない人々が共有する性質についても社会的カテゴリーが成立する場合があります（つまり、「1年3組のメンバーへの差別」「出席番号が偶数の生徒への差別」もありえるのです。どんな場合か、想像してみてください）。

第２に、差別はある社会的カテゴリーに対する**「負の取**

り扱い」です。ここでいう負の取り扱いには、特定の権利を与えない、見くだしたりからかったりする、人々の間でのやりとりから排除するなど、さまざまな場合がありますが、どの場合でも、低い価値づけのもとにその人々を扱っているはずです。ここには、一見ほめているがその背後に見くだしがふくまれている場合なども入ります。

第3に、この負の取り扱いの中で**不当**なものだけが差別と呼ばれます。たとえば、入学試験の点数が500点満点中400点以上の者と400点未満の者を分け、後者を不合格とすることは「400点未満の者差別」ではありません。なぜなら、試験の成績によって合格者を決めることは正当とされているからです。もちろん、なにが正当でなにが不当かをめぐって意見の対立が起こるから差別の問題は解決が難しいのですが、裏を返せばそのことは、不当なものこそが差別である、と私たちが考えていることを示しています。

差別はなくならない、だからなに？

さて、このように差別がなにかを確認した上で、では差別が今後なくなるかどうかを考えてみましょう。すぐさま多くの人が感じることだと思いますが、差別という言葉の意味自体が大きく変わるのでもないかぎり、残念ながら、世界から差別がなくなることはなさそうです。殺人も戦争も詐欺も窃盗も、残念ながら完全になくすことはできていません。そう考えれば、差別だけがなくせると考えるのは現実的ではないでしょう。

でも、だからなんだと言うのでしょう？　殺人がなくせないから殺人をなくそうとする試みは無駄でしょうか？　そう思っている人は、保護者や教師が子どもに対して「人を殺してはいけない」と教えることをやめ、いますぐ殺人罪を撤廃してもかまわないと思っているのでしょうか？　よほどの変わり者でないかぎり、そんなことは思っていないはずです。なぜなら、殺人がゼロにならなくても、ゼロにしようと努力して結果的に少しでも減ってくれるほうがよいと思っているからです。

差別に関しても同じです。**まったくなくならないことは、なくそうとする努力が無駄であることを意味しません**。そして、そんなことは「差別なんて絶対になくならない」と言う人だって知っているのではないでしょうか。たとえば、「差別なんて絶対になくならない」という人は、状況によっては「オレオレ詐欺は絶対になくならないのだから、子や孫と日ごろから連絡を取り合うなどの努力は無駄」などと言ったりするのでしょうか。少なくとも私はそんな発言を聞いたことがありません。

ここにはひとつ大事なポイントがかくれています。そう、**「○○なんて絶対になくならない」はいろいろなことに当てはまるのに、なぜ差別に関してばかりそう言おうとする人がいるのか**、です。

おそらくその理由は単純です。**差別についてこそ「絶対になくならない」と言いたい人は、「差別になくなってほしくない」あるいは「これまでのようにだれかを差別し続けたい」、などと思っている**のではないでしょうか。もちろんこれは単なる想像ですが、この想像にもとづいて防衛策を張ることはできます。つまり、「差別は絶対になくならない」と言われたら「でも、あなたは差別が存在すべきだと思っているわけではないですよね？」と返せばよいのです。よほどのことがないかぎり、この質問に「いいえ」と答えることは難しいはずです。「はい」という答えをもらったらそれで引き下がってもいいですし、「では差別を減らす努力そのものは無駄じゃないってことですね」とさらに返してもよいでしょう。努力が無駄でないと相手が認めたら、差別を減らすための最初の目標はもう達成されているのです。

ぬけ出すための考え方

差別がなくならないとしても、なくそうとする努力には意味があります。「差別をなくしたくない」という本心が透けて見える相手には、「なくす努力は無駄ではない」と言わせるようにうまく仕向けよう。

もっと知りたい関連用語

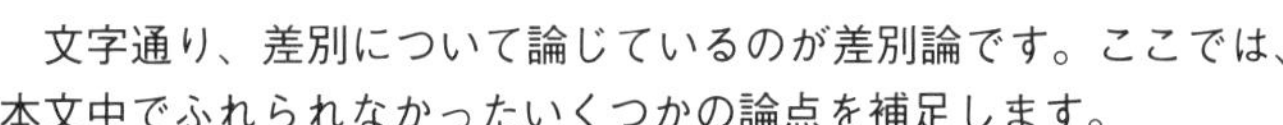

【差別論】

文字通り、差別について論じているのが差別論です。ここでは、本文中でふれられなかったいくつかの論点を補足します。

まず、差別はマイノリティ（少数派）に対してだけおこなわれると言えるでしょうか。そういう場合も多いですが、それだと、たとえば人口の約半分をしめ、男性とほぼ同じ人数がいる女性に対する差別はありえない、ということになります。そこで、「構造的弱者」（社会のあり方＝構造のせいで、弱い立場に置かれてしまう人々）という表現で差別の対象となる人々を指す場合もあります。

次に、差別をするのは、構造的な強者だけと言ってよいでしょうか。実際には、社会にあふれるイメージやものの見方を受けいれてしまい、構造的弱者が同じ弱者の側の人を差別してしまう、ということもあります。

このように、差別という現象に関して丁寧に考えていくと、いくつもの論点がうかび上がります。これらを研究するのが、差別論という分野なのです。

シーン㉘

「差別があると言っているうちは差別はなくならない」

ずるい度 ★★★

あの教師、
B 型は変人だから深くかかわるなって
よく言うけど、差別だよね

別に本気で言ってるわけじゃ
ないんじゃない？

本気じゃないからよい
ってことにはならないでしょ

細かいことにこだわって
差別があると言っているうちは
差別はなくならないよ

なぜ差別がないことにしたいのか？

シーン㉘において、差別がないと言いたい側の生徒は、まずは「変人」発言がＢ型差別にあたるかを「本気」かどうかという基準で判断しようとしています。でも、「本気」でないから差別ではないとは言えなそうだと考えたからか、「差別があると言わなければ差別はなくなる」というかたちで「差別がない」という結論に持ちこもうとしています。

本題に入る前に少しだけ考えておきたいのですが、そもそも、なぜそんなに「差別がない」と言いたいのでしょう？シーン③で考えた通り、私たちは正しいことならばそれをすべきだ、という感覚をどこかに持っています。だからこそ、それでも正しいこと、ここでは差別への対処をしたくない人は、対処する必要がない、この場合は差別そのものがない、ということにしてしまおうとしているのではないでしょうか。

この例では、特定の社会的カテゴリー（Ｂ型）に対して負の取り扱い（「変人」扱い）がなされ、それが不当である（「もっと知りたい関連用語」でも述べますが、血液型と性格に関連はありません）ことから、差別があると判断することができます。存在する差別をないことにしようとするのはまちがっていますし、わざとやっているのであれば

「見て見ぬふり」として批判されて当然でしょう。

▶「ある」と言わなければ「ない」？

ただし、ここで注目したいのは、「差別があると言っているうちは差別はなくならない」という発言の不思議さです。差別以外のよくない行為に当てはめて考えてみましょう。

たとえば、「殺人がある」と言っているうちは殺人はなくならないよ、と言う人がいるでしょうか？　またこの主張は正しいでしょうか？ こんなことを言うような人はそういませんし、またこの主張が正しくないのは明らかです。殺人がなかったことにすれば殺人は表向きはなくなりますが、それは本当に殺人がないことにはならないですし、それでよいと思う人もいないでしょう。

同じように、**「差別がある」と言わなければ表向きは差別がないということになるかもしれませんが、それは本当に差別がないことを意味しません**し、気づかれない差別が存在することは、よくないことです。

ですので、「差別があると言っているうちは差別はなくならない」に対しては、「ないことにしても本当になくなったことにはならない」という当たり前のことを言って反論することができます。

▷「差別」は告発の言葉である

では､他の場合にはめったになされない「『ある』と言わなければ『ない』のだ」などというおかしな主張が、差別に関してはまかり通ってしまうのはなぜでしょうか？　こんなおかしなことを主張する人は、差別について誤ったイメージを持っているのでしょうか？

そうではありません。むしろこのおかしな主張は、差別に関するある事実を悪用しているのです。その事実とは、**「差別」がこれまでの歴史で告発の言葉として使われてきた、**というものです。

残念ながら、差別はいつも差別だと認識されているわけではありません｡むしろ､差別する側がそれを不当だと思っていない、あまりにも負の取り扱いが厳しすぎて差別される側が冷静に不当だと判断する能力を奪われている、などの理由で、差別はなかなか差別と気づかれないのです。

そんな中、その不当さに気づいた人が、これは特定の社会的カテゴリーに対する不当な負の取り扱いだ、と告発することによって、世界はその不当さを乗りこえるチャンスをそのたびに得てきました。つまり､「それは差別だ」とだれかが告発することが、差別が差別として認識され解消されるためには不可欠なのです。

だから、「差別があると言っているうちは差別はなくならない」は、「差別があると（だれかが）言う」ことが差別についての欠かせない事実であると知っている点で、差別のことを一面ではとてもよくわかっているのです。その上で、差別があるから告発もある、という順序をわざと逆転させてみせる。こうやって、**現にある告発を取り下げさせることで「差別がない」という無茶な結論に誘導（ゆうどう）しようとしているの**です。差別にとって告発という要素が重要であるという点を悪用しているわけですね。

この点までふまえるならば、「差別があると言っているうちは差別はなくならない」に対する答え方は少しちがったものになるでしょう。皮肉をきかせるなら、「そうやってないことにされてしまうからこそ、差別があると言い続けなければいけないんだってことがあなたの言葉でよくわかりました」はどうでしょう？　相手をやんわりとたしなめるなら、「差別がないことにしてしまう可能性を避けることのほうが大事な気がするんです」でもよいかもしれません。差別と告発の結びつきを理解している相手なら、差別だと主張することに意味があるとすぐに理解する（あるいはすでにしている）はずです。その理解に、できる範囲（はんい）で訴（うった）えかければよいと思います。

ぬけ出すための考え方

「差別がある」と言わなければ差別がなくなるわけではありません。だれかが「差別がある」と告発することで少しずつ差別がなくなってきた事実に目を向け、他人にも向けさせるように努めよう。

もっと知りたい関連用語

【血液型性格診断(しんだん)】

ABO式血液型によって性格が異なる、と考えてしまう人は日本社会には多いようです。血液型によって性格にパターンがある、と示した研究はほとんど存在しませんし、それほど難しいことを考えなくても、RH式とか、MH式などといった他の血液型の分類ではなく、なぜABO式が人々の性格を説明できるのかに自然科学的な根拠(こんきょ)はありませんので、血液型性格診断は誤りであると言ってよいでしょう。

【クレイム申し立て】

本文中では「告発」という言葉を使いましたが、社会学では「クレイム申し立て」という表現をよく使います。クレイムは不平・苦情といった意味です。社会問題（世の中が解決すべき問題）は、もとから存在して発見されるのを待っているのではなく、「クレイム申し立て」によって社会問題がつくられるのだ、という考え方を、社会問題に関する構築主義と呼びます。「クレイム申し立て」に関する議論は、差別や社会問題に関して「正しくないと他人に対して主張すること」がきわめて重要な意味を持つと指摘(してき)したのです。

シーン㉙

「これは差別ではなく区別」

ずるい度 ★★★

こんどの生徒会長選、
生田と石川のどっちに投票しようかな

当然生田でしょ。
石川は５人きょうだいの末っ子だから、
リーダーには向いてないよ

そういうの、
末っ子差別って言うんじゃないかな

きょうだいよりあとに生まれたのは
事実でしょ。だから、
これは差別ではなく区別

出生順位、きょうだいの有無と性格

シーン㉙で考えたいのは「差別ではなく区別」という表現なのですが、その前に、ひとつ検討しておきましょう。きょうだいの中で何番目に生まれたのか（出生順位）、あるいはそもそもきょうだいがいるのかは、個人の性格と関係があるのでしょうか？

（インターネット上の「ニセ科学」的な記事ではない）きちんとした学問的な調査の結果によれば、「ニセ科学」のように極端（きょくたん）な結論にはならないものの、たしかに出生順位やきょうだいの有無によって、いくつかの点で性格の傾向（けいこう）にちがいが出ることもあるようです。もちろん、これはあくまで傾向のちがいですので、出生順位やきょうだいの有無から、ある特定の人物の性格を明らかにすることはできません。

ですので、シーン㉙で生田さんに投票すると言った生徒は、石川さんに関して、出生順位をもとにまちがった判断をしている、と言ってよいでしょう。末っ子であるという社会的カテゴリーに、リーダーに向かないという否定的な性質を押（お）しつけて生徒会長という役職から遠ざけるという負の取り扱いをしています。この判断が不当なものであるならば、差別の3つの条件をふまえて、これを末っ子に対する差別と言うことができるでしょう。

▶可能性や確率は、負の取り扱いの正当な理由にならない

でも、「差別ではなく区別」という言葉からは、「私の判断は不当なものではない」という発想が透けて見えます。不当でないならば当然差別でもない、ということになりますね。ただ、「差別ではなく区別」と言われて、うまく言えないけれどなんだかいやな気持ち、傷つけられたような気持ちになる人も多いのではないでしょうか。たしかに、私も**「差別ではなく区別」と言う人によく出会うのですが、こんなことを言う人はほぼまちがいなく差別意識の持ち主**です。

当たり前ですが、差別でない区別は存在します。たとえば、石川さんがリーダーに向かないと石川さん自身の過去の行動から感じた場合には、投票しないと決めることは不当ではないですし差別にもあたらないでしょう。

でも、シーン㉙では、石川さんがリーダーに向かないのではなく、石川さんは末っ子という属性を持っているのでリーダーに向かない可能性が高い、ということをもって石川さんに否定的な評価を押しつけています。可能性や確率を根拠とした負の取り扱いは、正当と言えるのでしょう

か？

差別に関する現在の議論においては、これは不当だと考えられています。理由は大きくふたつに分けられます。ひとつは、個人の能力以外の、当人にどうにもならない要素で人が判断されることは公正ではないからです。もうひとつは、これを正当としてしまうと、末っ子はリーダーになれず、結果として「末っ子はリーダーに向いていない」と人々がさらに強く思うようになるといった、望ましくない状態が強化されてしまうからです。

ですので、「これは差別ではなく区別」という主張に対しては、「いいえ、それは差別です」と反論することができます。

区別できても区別してはいけない状況

こう言いかえてもよいでしょう。私たちが、属性ではなく、私個人を判断してほしいと思うなら、**属性によって区別できても区別してはいけない状況がある**、と考えるべきなのです。区別が不当かどうか以前の、「これは差別ではなく区別」と主張して区別にこだわること自体が不当である場合に、私たちは気づくべきです。**「差別ではなく区別」と主張したからといって、その行為が不当でなくなるわけで**

はありません。むしろ、そうやって区別にこだわることは、不当な状況を維持し、強めてすらいるのです。「差別ではなく区別」と主張する人にいやな気分をいだくとき、私たちは、かくされたこの不当さにうっすら気づいているのかもしれませんね。

だれもが自身の人となりを伝えるその人なりの方法を持っています。それらに接し、手がかりを集めながら、最終的にその人自身のことを知っていく、それが他人と生きることのおもしろさなのだと思います。区別にこだわる人は、そのおもしろさのはるか手前で足ぶみしながら、少しずつだれかを傷つけています。私たちはそこから一歩ふみ出し、「差別ではなく区別」と自分をだますことをやめ、豊かな人間関係を築いていくべきなのだと、私は思います。

ぬけ出すための考え方

区別できても区別してはいけない状況というものがあります。「これは差別ではなく区別」という主張に丸めこまれず、その人自身の人となりを見つめ、豊かな人間関係を築いていこう。

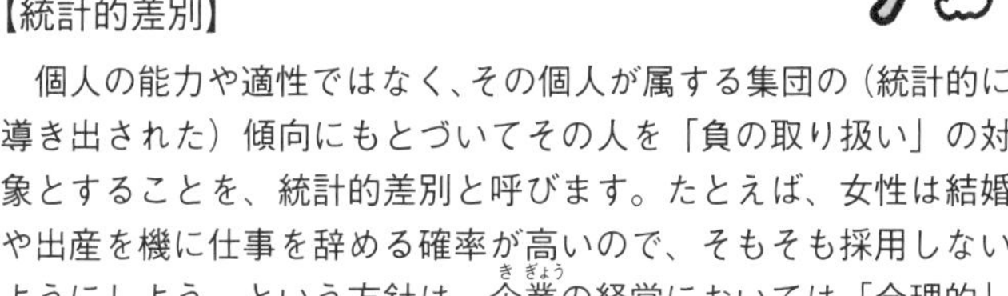

もっと知りたい関連用語

【統計的差別】

個人の能力や適性ではなく、その個人が属する集団の（統計的に導き出された）傾向にもとづいてその人を「負の取り扱い」の対象とすることを、統計的差別と呼びます。たとえば、女性は結婚や出産を機に仕事を辞める確率が高いので、そもそも採用しないようにしよう、という方針は、企業の経営においては「合理的」な判断とも言えますが、それぞれの女性の能力や適性を無視した不公平な採用方針であるために、統計的差別である、と言えます。

おわりに

「ずるい言葉」に効く（かもしれない）29の処方箋、いかがでしたか。みなさんの「イラッ」や「モヤモヤ」が少しでも晴れるためのお手伝いができたのであれば、筆者としてこんなにうれしいことはありません。

とはいえ、この本を読んだことによって、いままでとは別の種類の「イラッ」や「モヤモヤ」を感じた人もいるかもしれません。そう、自分が発してしまったことのある言葉が実は「ずるい言葉」だと気づいてしまったことによる、「イラッ」や「モヤモヤ」です。その感情の奥にあるのは、反省や後悔でしょうか、それとも反発や嫌悪でしょうか。

反省や後悔だという人、私も同じです。私自身にも「ずるい言葉」を言ってしまった過去の苦い思い出があります。そして、もしかしたらこれからだって言ってしまうかもしれない。でも、だからこそ、「気をつけろよ、自分」と常に自分の良心のかたちを点検し続けたいな、と思っています。これからも一緒に、私たちの良心のかたちを点検し続けていきましょう。

反発や嫌悪を感じた人、まずは落ち着いて深呼吸してみてください。なぜなら、一度心の中に「この本はまちがっている！　私は悪くない！」という怒(いか)りがわいてしまうと、自分のほうが正しいと言うために意地でも抜(ぬ)け道を探すようになってしまうからです。たしかに抜け道を見つければ一時的な自己正当化はできるかもしれない。でも、「だれかを傷つけてよい理由」探しに必死になったところで、私たちは正しい良心の持ち主にはなれません。そんな自分に気づいてしまったら、どんどん自分をきらいになってしまいそうです。怒りが芽生えそうなときこそぐっとこらえて、いまこそ自分の良心を上手に育てるチャンス、と思えるようになれたらすごく素敵だな、と私は思います。これからも一緒に、私たちの良心を上手に育てていきましょう。

「イラッ」や「モヤモヤ」は、「自分と世界にはまだ正しくないところがある」ことに気づくための、手軽な最良の手がかりなのです。そこから私たちは、まだまだ少しずつ正しくなっていける。それは、とてもやりがいがあって、そして希望に満ちたことだと思うのです。みなさんも、そう思いませんか？

2020年7月　森山至貴(のりたか)

参考文献

佐藤裕『新版 差別論――偏見理論批判』明石書店

ロバート．K・マートン『社会理論と社会構造』みすず書房

江原由美子『女性解放という思想』勁草書房

G.W. オルポート『偏見の心理』培風館

ヤン・エルスター『酸っぱい葡萄――合理性の転覆について』勁草書房

文部科学省「食に関する指導の手引（第二次改訂版）」
https://www.mext.go.jp/a_menu/sports/syokuiku/__icsFiles/afieldfile/2019/04/19/1293002_13_1.pdf

パオロ・マッツァリーノ『「昔はよかった」病』新潮社

弘前大学人文学部社会言語学研究室減災のための
「やさしい日本語」研究会『「やさしい日本語」パンフレット』
http://human.cc.hirosaki-u.ac.jp/kokugo/ejpamphlet2.pdf
※現在閉鎖。東京メトロのHPなどで閲覧可能

国立教育政策研究所編『教員環境の国際比較
――OECD国際教員指導環境調査（TALIS）2018報告書――
『学び続ける教員と校長―』ぎょうせい

J. I. キツセ／M. B. スペクター
『社会問題の構築――ラベリング理論をこえて』マルジュ社

小塩真司
『性格を科学する心理学のはなし――血液型性格判断に別れを告げよう』
新曜社

森山至貴（もりやま・のりたか）

1982年神奈川県生まれ。東京大学大学院総合文化研究科国際社会科学専攻（相関社会科学コース）博士課程単位取得満期退学。東京大学大学院総合文化研究科国際社会科学専攻助教、早稲田大学文学学術院専任講師を経て、現在、同准教授。専門は、社会学、クィア・スタディーズ。著書に『「ゲイコミュニティ」の社会学』（勁草書房）、『LGBTを読みとく―クィア・スタディーズ入門』（ちくま新書）がある。

10代から知っておきたい
あなたを閉じこめる「ずるい言葉」

2020年 8 月23日　第1版　第 1 刷発行
2024年11月 8 日　　　　　第10刷発行

著　者　　森山至貴
発行所　　株式会社 WAVE出版
〒136-0082
東京都江東区新木場1丁目18-11
E-mail：info@wave-publishers.co.jp
https://www.wave-publishers.co.jp
印刷・製本　中央精版印刷株式会社

NDC361　207p　19cm　ISBN978-4-86621-303-3

付録

あなたが人に言われて気になった言葉を残しておこう

気になった理由を言葉にすることは、「ずるい言葉」を見抜(ぬ)くための第一歩です。本書を手がかりに、「カクレ悪意」や「カンチガイ善意」がふくまれていないか、まず確認することからはじめてみましょう。「ずるい言葉」のからくりがわかれば、他人に「ずるい言葉」を使わないように役立てることもできます。

どんな言葉？

だれに言われた？

どんな場面で？

気になった理由は？

どんな言葉？

だれに言われた？

どんな場面で？

気になった理由は？

どんな言葉？

だれに言われた？

どんな場面で？

気になった理由は？

どんな言葉？

だれに言われた？

どんな場面で？

気になった理由は？